P. ANDRÉ CALLEBAUT, O. F. M.

JEAN PECHAM, O. F. M. ET L'AUGUSTINISME

APERÇUS HISTORIQUES (1263-1285)

Extrait
de l'*Archivum Franciscanum Historicum*
Vol. XVIII, 1925. Fasc. IV

QUARACCHI (PRÈS DE FLORENCE)
TIPOGRAFIA DEL COLLEGIO S. BONAVENTURA
1925.

DISCUSSIONES

JEAN PECHAM, O. F. M. ET L'AUGUSTINISME

Aperçus historiques (1263-1285)[a]

Les deux écoles, dominicaine et franciscaine, du XIIIe siècle offrent de profondes divergences, qui sont mal connues. L'histoire même en est presque méconnue. En 1884, C. D o u a i s, si dévoué aux études dominicaines, écrivit: « C'est un fait certain et depuis longtemps établi que le XIVe siècle vit surtout dans S. Thomas le vainqueur d'Aver-roès »[1]. Il ajoute encore: « Il me paraît probable que deux péripa-tétismes furent alors en présence: celui dont Averroès était le chef plus ou moins avoué parmi les philosophes latins, et celui que fr. Thomas

---

(a). Summarium. — Historia scholasticae saeculi XIII plurimis adhuc in-volvitur problematibus; aliqua nimis securius uti vera asseruntur. Inter haec placitum illud multorum: Fr. Iohannem Pecham primum, acremque S. Thomae Aquinatis Parisiis impugnatorem fuisse. Quae opinio, numquam critice sta-bilita, in sola depositione Bartholomaei Capuani, an. 1318 Neapoli facta et aliorum anonymorum dicta referentis, innititur. Contra autem stat testimo-nium directum et immediatum ipsius Fr. Iohannis Pecham, an. 1285, cum archiepiscopus Cantuariensis erat, contra suos calumniatores prolatum, sed a modernis quibusdam sine ratione in suspicionem adductum. Cuius testi-monii Fr. Iohannis Pecham veracitas, scilicet se in quadam disputatione Pa-risiis habita, circa an. 1270, non tantum Fr. Thomae non exasperanti modo con-tradixisse, sed se solum contra magistros Parisienses, episcopum Parisiensem necnon ipsos Fratres Praedicatores, adstitisse, comprobatur novis ali-quibus documentis. Insuper Fr. Iohannis Pecham assertum apte quadrat cum origine et vero progressu aristotelismi a sancto Thoma propugnati, contradi-centibus pluribus Dominicanis et Frat. Minoribus, qui Augustinismo tunc communiter in scholis Parisiensi ac Sacri Palatii (ibique Fr. Iohannes Pe-cham an. 1279 lector fuerat), aliisque in studiis vigenti adhaerebant. Huic Augustinismo etiam favebant Summi Pontifices tunc temporis regnantes uti ipsorum gesta et acta probant.　　　　　　[Nota Directionis].

[1] *Essai sur l'organisation des études dans l'Ordre des Frères Prêcheurs au XIIIe et XIVe siècles (1216-1342)*, Paris 1884, 97.

d'Aquin avait fortement exposé. Les Franciscains de la seconde moitié du XIIIe siècle et du commencement du XIVe.... et l'Université de Paris défendaient plus ou moins le premier, ou, si l'on veut, professaient un péripatétisme plus ou moins connexe avec l'œuvre philosophique d'Averroés »(1).

Il n'est pas surprenant que Douais écrivit ainsi; il était tributaire de Renan et d'Hauréau. Chez le premier on lit: « J'espère démontrer que, sans abuser de la conjecture, on peut désigner les deux foyers de l'Averroïsme au XIIIe siècle, l'école franciscaine et surtout l'université de Paris ». « En général l'école franciscaine nous apparaît comme beaucoup moins orthodoxe que l'école dominicaine » (2). Aussi Hauréau lui adosse-t-il la plupart des 212 condamnations de 1277 (3)!

Déjà bien avant Douais, Echard, qui chercha à réduire au possible l'opposition « assez résolue »(4) faite par des Dominicains aux doctrines de S. Thomas d'Aquin, pointait sensiblement dans la même direction; puisqu'il voulut faire croire que le maître franciscain Pecham était responsable de l'opposition dans l'université et chez les Dominicains d'Oxford vers 1277. Mais déjà en 1889 le futur Card. Ehrle barra la voie à ce diversif (5). Il est curieux qu'on n'a pas voulu prendre en considération que déjà *en 1269-70* les rapports des deux ordres enseignants étaient très tendus; puisqu'en mai 1270 les capitulaires dominicains réunis à Milan se scandalisèrent de fr. Béranger Notier, prieur du *Studium generale* de Montpellier, qu'ils firent déposer pour avoir traîté sans nul égard le Ministre des Mineurs (6). Officiellement, c'était donner une satisfaction à l'Ordre franciscain. Cet épisode toutefois en dit long sur l'esprit des maîtres des deux écoles, et laisse entrevoir les sentiments qu'une partie des Dominicains devaient avoir pour le Ministre fr. Bonaventure, qui prêcha plusieurs fois à Montpellier et précisément une fois chez les Prêcheurs (7).

---

(1) L. c. 96.   (2) *Averroès et l'averroïsme*², Paris 1861, 259.

(3) Hauréau, *Histoire de la philosophie scolastique*, Paris 1880, III, 96.

(4) *Scriptores Ord. Praed.* I, Parisiis 1719, 435. — S. Talamo combattit un des premiers Renan et Hauréau dans ses trois éditions de *L'Aristotelismo della scolastica nella storia della filosofia*, Siena 1881, 318s., 3ª ed.

(5) *John Peckham über den Kampf des Augustinismus und Aristotelismus in der zweiten Hälfte der 13. Jhs.*, dans *Zeitschr. f. kath. Theol.* XIII, 1889, 189.

(6) Douais, *Les Frères Prêcheurs en Gascogne au XIIIe et au XIVe siècles*, Paris 1885, 374; Douais, *Acta Capitulorum Provincialium Ord. Praed.*, Toulouse 1894, 137, 134.

(7) *Opera S. Bonav.* IX, 32, 33, 119, 166. — On consultera avec fruit, pour juger les positions des Franciscains et Dominicains, de cette époque, le beau livre de Mr. E. Gilson, *La philosophie de Saint Bonaventure*, Paris 1924. (Voir AFH XVIII, 386ss.); ainsi que celui du P. Jules d'Albi, O. M. Cap., *Saint Bonaventure et les luttes doctrinales de 1267-77*, Paris 1923, (v. AFH XVII, 281ss.).

Depuis 1870, le P. Fidèle de Fanna, préparant l'édition des œuvres de S. Bonaventure, résuscitait peu à peu les travaux des Franciscains du XIIIᵉ siècle et un passé oublié et travesti. En 1883, le P. Ehrle, S. J., publia son étude sur l'augustinisme des Frères Mineurs du XIIIᵉ siècle, puis son article sur Pecham et plus tard sur les *Correctoria Fr. Thomae* [1]. D'un autre côté, les savants travaux de l'illustre Dominicain H. Denifle, donnèrent le coup de grâce au prétendu averroïsme des Franciscains. Mais, malgré tout et par force, les Mineurs devaient rester l'âme du mouvement antithomiste du XIIIᵉ siècle [2]. Jean Pecham sera le bouc émissaire et l'initiateur de tout ce mouvement, qui reste complètement à étudier d'après les nombreux matériaux historiques.

On verra dans la suite que les Dominicains anglais combattirent fortement le Franciscain Jean Pecham, archevêque de Cantorbéry et primat d'Angleterre, en 1284-86. Denifle republia quelques lettres de l'archevêque franciscain sur cette affaire, mettant toutefois en doute le renseignement de Pecham sur ses rapports avec l'Angélique Docteur, au temps où fr. Thomas était à Paris [3]. Si la note du savant éditeur du Chartularium de Paris ne créa pas une nouvelle opinion, elle lui prépara la voie du succès.

Comme par enchantement, le Franciscain Pecham devint le héros légendaire de l'histoire de la scolastique du XIIIᵉ siècle, en conduisant à l'assaut l'augustinisme retardataire contre « la Sorbonne qui en général était thomiste » [4]. Chez quelques-uns le « fougeux » Franciscain faillit passer pour l'âme de la scandaleuse cabale contre l'Angélique Docteur. — L'évocation des faits historiques suffira pour faire ressortir le vrai rôle de Jean Pecham. Il faut toutefois d'abord rechercher la valeur et les sources de l'opinion aujourd'hui en vogue, même dans la dernière édition du manuel de Mr. De Wulf [5].

---

[1] *Das Studium der Handschriften der mittelalterlichen Scholastik mit besonderer Berücksichtigung der Schule des hl. Bonaventura*, dans *Zeitschr. f. kath. Theol.* VII, 1888, 1-51; *Der Kampf um die Lehre des hl. Thomas von Aquin in den ersten fünfzig Jahren nach seinem Tod*, dans *Zeitschr.* citée XXXVII, 1918, 267-318.

[2] *Chartularium Univ. Paris.* I, Paris 1889, 556.

[3] *Chart. Un. Paris.* I, 624-36; à la p. 634, n. 3 il écrit « *Nescio an ea, quae Iohannes de se ipso refert, veritati omnino concordent. Saltem Bartholomaeus de Capua, logotheta regni Siciliae, in processu canonizat. Thomae de Aquino professus est...* puis il apporte le texte que nous examinons plus loin.

[4] Renan, *Averroès*, 276: Mandonnet, *Siger de Brabant et l'Averroïsme latin*, (*Les Philosophes Belges*, VI), Louvain 1911, 58.

[5] *Histoire de la philosophie médiévale*, 5ᵉ éd., Louvain 1924, I, 361s. Bien que l'auteur admette que Pech. « défendit avec animosité... les innovations du thomisme », il doit reconnaître que dans ses écrits « rien ne transpire du ca-

Barthélemy de Capoue, logothète et protonotaire de Naples, est l'unique témoin qui pourrait plus ou moins favoriser cette opinion. Denifle, malgré son grand amour pour son Ordre, n'osa pas tout à fait y souscrire. — Le mercredi 8 août 1319, lors du premier procès de canonisation de S. Thomas (23 juil. - 26 nov.) (¹), Barthélemy établit et prouve l'humilité et la douceur du S. Docteur, en la confirmant par la conduite peu charitable du Franciscain Pecham:

« Vir magnificus Dominus Bartholomaeus de Capua, Logotheta et Protonotarius regis Siciliae, testis citatus et iuratus... dixit... se audivisse a pluribus Fratribus Praedicatoribus fide dignis, quod, quando idem fr. Thomas una vice disputabat Parisiis, ubi erat fr. Ioannes de Pizano, Ordinis Fratrum Minorum, qui postea fuit Archiepiscopus Cantuariensis, quantumque dictus fr. Ioannes exasperaret eumdem fratrem Thomam verbis ampullosis et tumidis, nunquam tamen ipse fr. Thomas restrinxit verbum humilitatis; sed semper cum dulcedine et humilitate respondit; et idem faciebat dictus fr. Thomas in omni disputatione, quantumcumque acuta et solerti » (²).

Barthélemy déposa donc à Naples, en 1319, qu'il a entendu de plusieurs *Dominicains:* que Jean Pecham exaspéra, à Paris dans une discussion, frère Thomas par ses paroles emphatiques et orgueilleuses, mais que l'Aquinate ne se départit pas de son humilité et de sa douceur habituelle. Barthélemy ne dit rien de plus. On se demande naturellement, d'où proviennent les autres éléments de la légende que l'on regarde si volontiers comme un fait historique?

On a bâti sur des hypothèses. La première est celle que vers 1269-70 les doctrines Albertino-thomistes étaient à peu près généralement admises. Une des principales « preuves » de l'étendu de ce mouvement, Roger Bacon est forcé de la fournir (³). Mais les diatribes de Bacon n'épargnent aucun scolastique et s'attaquent spécialement aux deux plus connus: Alexandre de Hales et Albert-le-Grand. En

---

ractère fougueux et excessif (!) que Peckam révèle dans sa correspondance »; De Wulf, *Le Traité « De unitate formae » de Gilles de Lessines*, (Les *Philos. Belges*, I), Louvain 1901, 61 s.

(¹) Le premier procès de S. Thomas eut un sort peu heureux: « Jean XXII ne le jugea pas suffisant » (P. Mortier, O. P., *Histoire des Maîtres Généraux de l'Ordre des Frères Prêcheurs*, Paris 1905, II, 566), et il ordonna une enquête supplémentaire en 1321, qui recueillit du 10 au 26 novembre 1321 les dépositions faites à Fossanova; voir aussi P. Mandonnet, *La canonisation de Saint Thomas d'Aquin 1317-1323*, dans *Bibliothèque thomiste*, III, 1923, 7s. Voir à ce propos, supra p. 407.   (²) *Acta SS.*, 1668, Mart. I, 7, p. 712, § 77.

(³) Mandonnet, 100, 45. Beaucoup moins orthodoxe, envieuse et portée au dénigrement (l. c. 96), l'école bonaventurienne, comme toute l'école franciscaine, ne se recommanderait pas par ses qualités.

somme, Roger Bacon lutte et combat contre une méthode, alors qu'il faudrait prouver qu'il combat des idées, des doctrines (¹). Pour le coup, il y a ici déjà une différence essentielle.

La première hypothèse « prouvée », ou plutôt posée et admise, on y superposa une seconde. Là encore une fois on présuppose admis ce qui aurait dû être établi : « Au temps du second séjour de Thomas d'Aquin à Paris, le conflit éclata entre les deux écoles. Ce fut le Franciscain anglais, Jean Peckham, alors régent de l'école des Frères Mineurs, qui semble avoir donné l'assaut à l'enseignement du célèbre régent d'une des deux écoles des Frères Prêcheurs » (²). Tout cela, une fois énoncé, se considère comme certain, ou à peu près. Un triage arbitraire de renseignements empruntés aux lettres de Jean Pecham fournit le restant et couronne l'échafaudage.

Il est utile de connaître le caractère du Franciscain Pecham. On possède heureusement une petite notice sur Jean par le Dominicain anglais Nicolas Trivet, qui était théologien et historien († 1328); c'est la plus sûre que l'on connaît jusqu'ici :

Frater Iohannes de Pecham, Ciscestrensis dioecesis, de Ordine Minorum, venit in Angliam a D. Papa in Cantuariensem Archiepiscopum consecratus. Hic Parisius in theologia rexerat et Oxoniae lectiones suas resumserat; deinde Minister provincialis Angliae, ac tandem lector Palatii in Romana Curia factus fuit, qui Ordinis sui zelator erat praecipuus, carminum dictator egregius, gestus affatusque pompatici, mentis [tamen] benignae et animi admodum liberalis (³).

Pecham fait allusion à ses rapports parisiens de 1270 environ avec son collègue dominicain fr. Thomas, lorsqu'il fut publiquement attaqué par les Dominicains anglais en 1284-5. Pecham était alors successeur (1279-92), à Cantorbéry, de l'archevêque dominicain Robert Kilwardby, promu cardinal. Ce dernier avait condamné, le 13 mars 1277 (onze jours après les condamnations parisiennes du 7 mars), trente propositions dont plusieurs atteignaient « l'enseignement de S. Thomas d'Aquin sur l'unité des formes substantielles, ou mieux sur la composition des corps en général » (⁴). En 1284, après la visite à Oxford de l'archevêque, le prieur provincial d'Angleterre, Guillaume de Hotham, ayant publiquement attaqué Pecham à propos des intentions et des consultations de l'archevêque, ce dernier mit la question au point dans

----

(¹) L'*Opus minus* adressé au pape Clément IV prouve suffisamment que Roger demande la réforme de la théologie; éd. Brewer *(Rerum Britannic. medii aevi Scriptores)*, London 1859, 325 s.　　(²) Mandonnet, 99.

(³) *Chronicon seu Annales Plantagenistarum sive sex regum Angliae qui a comitibus Andegavensibus originem traxerunt*, chez d'Achery, *Spicilegium* ², III, 207; et réédité par Thomas Hog, *F. Nicholai Triveti de ord. Fr. Praed. Annales sex regum Angliae. . 1136-1307*, Londini 1845, 299-300.　　(⁴) Mandonnet, *Siger*, 233.

diverses lettres. En voici les passages qui intéressent plus particulièrement notre problème. Le 7 décembre 1284 Pecham écrivit au chancelier et aux maîtres d'Oxford :

> « *Causam vero opinionum bonae memoriae fratris Thomae de Aquino, quas fratres ipsi opiniones sui Ordinis esse dicunt, quas tamen in nostra praesentia subiecit idem reverendus frater theologorum arbitrio Parisiensium magistrorum, pendere diximus in Romana curia indecisam; pro eo quod cum, vacante sede apostolica per mortem sanctae memoriae domini Iohannis [XXI], Dei gratia tunc temporis Romani Pontificis, episcopus Parisiensis Stephanus bonae memoriae ad discussionem ipsorum articulorum de consilio magistrorum procedere cogitaret, mandatum fuisse dicitur eidem episcopo per quosdam Romanae curiae dominos, ut de facto illarum opinionum supersederet penitus, donec aliud reciperet in mandatis* » (¹).

Le 1ᵉʳ janvier 1285 Pecham exposa encore la situation aux c a r d i n a u x : Mathieu Orsini, Ordonius et Jérôme d'Ascoli et rapporte qu'il a été principalement question de l'opinion de l'unité des formes; il écrit à ce sujet :

> « *Fuit revera illa opinio fratris Thomae, sanctae memoriae, de Aquino sed ipse in hiis et in aliis huiusmodi dictis suis suam innocentiam Parisius in collegio magistrorum theologiae humiliter declaravit, subiciens omnes suas huiusmodi sententias libramini et limae Parisiensium magistrorum, cuius nos per auditus proprii certitudinem testes sumus. Credentes autem Fratres Praedicatores Oxoniae commorantes, quod nos opinionem illam a praedecessore nostro, qui sui erat ordinis, reprobatam, persequeremur in eiusdem ordinis praeiudicium, quod non fecimus, (Deus novit), contra nos in crastino provocaverunt, et consequenter publice se, ut nobis relatum est, satis temere iactitarunt quod illam et alias opiniones Thomae volebant contra omnes viventes homines defensare; et alia quaedam dicere ausi sunt, quantum in ipsis fuit, in laesionem non modicam famae nostrae, nisi nos scutum circumdaret veritatis. Haec idcirco vobis scribimus, sancte pater, ut si forsitan aliqua de hac materia insonuerint sapientiae vestrae auribus, facti noveritis infallibilem veritatem...* » (²).

Le 1ᵉʳ juin 1285, Pecham écrit enfin à l'évêque de L i n c o l n « non pour reprocher a l'Ordre des Prêcheurs les jactances de certains particuliers, mais pour repousser l'opprobre des mensonges, que son innocence ne mérite pas ». Puis il revient à l'opinion de l'unité des formes, que l'anonyme reprochait surtout à l'archevêque :

> « *Dicit nos opinionem de unitate formae rationibus et sanctorum testimonium persequentes in mortuum impingere, quod est falsum. Quin potius ei, de quo loquitur, cum pro hac opinione ab episcopo Parisiensi*

(¹) *Registrum epistolarum fr. Iohannis Peckham*. London 1885, ed. Ch. Trice Martin, III, 866; republiée par Denifle, *Chart.* I, 625; Ehrle, *Zeitschr.*, XIII, 179.

(²) Martin, III, 870; *Chart.* I, 626 s.; Ehrle, l. c. 181.

et magistris theologiae, etiam a fratribus propriis argueretur argute, nos soli eidem astitimus ipsum, prout salva veritate potuimus, defensando, donec ipse omnes positiones suas, quibus possit imminere correctio, doctor humilis subiecit moderamini Parisiensium magistrorum. Non igitur ipsum persequimur, sed arrogantiam nonnullorum. ... Nec modo, ut impostor astruit, incipimus talia impugnare. Quin potius dudum legentes Parisius, in Anglia et in Romana curia publice multis annis, Christi assistente gratia, non cessavimus in hiis et in aliis imperterrite irreprehensam astruere veritatem » ([1]).

Il n'est pas possible de citer toute cette lettre, qui est cependant si précieuse pour l'histoire des luttes de l'aristotélisme contre le traditionnel augustinisme.

Les adversaires ne reprochèrent pas à Pecham d'avoir combattu fr. Thomas d e s o n v i v a n t. A quatorze ans de distance l'archevêque répond à ceux qui pouvaient très bien s'informer : que l u i s e u l tendit une main amicale à fr. Thomas, m ê m e c o n t r e s e s c o n f r è r e s D o m i n i c a i n s. Quelle confiance méritent ces assertions?

Il suffit de mettre en évidence les destinataires auxquels Pecham s'adresse pour se d é f e n d r e c o n t r e s e s a c c u s a t e u r s: le chancelier et les maîtres de l'université d'O x f o r d, ainsi que Olivier, évêque du diocèse. Or, qui oserait prétendre, q u'e n 1 2 8 5. il n'y eut à l'université ou parmi les Dominicains anglais personne qui put renseigner les destinataires auxquels Pecham rappelle les faits de Paris de 1270? On n'était en somme qu'à quinze années de distance, et tant de maîtres anglais fréquentèrent l'université de Paris. Le prieur provincial et le Dominicain anonyme avaient bien la possibilité d'attaquer et de contredire l'archevêque franciscain sur sa conduite vis-à-vis de frère Thomas. Or c'est précisément le contraire qui arriva. Au Dominicain anonyme qui reprochait à Pecham d'attaquer l'Aquinate a p r è s s a m o r t en combattant l'unité des formes soutenu par *tout* son Ordre, le Franciscain riposte qu'à Paris lui, F r a n c i s c a i n, é t a i t s e u l à lui tendre une main amicale c o n t r e les maîtres de l'université, l'évêque de Paris et même s e s p r o p r e s c o n f r è r e s Dominicains... Et au reproche de ne défendre la pluralité des formes que depuis peu, il ajoute qu'il l'avait défendue à Paris, à Oxford et comme lecteur à la curie Romaine. En outre Pecham informa plusieurs c a r d i n a u x de Martin IV de ses disputes avec les Dominicains.

Roger Marston nous à conservé un témoignage, des luttes des années 1270 environs, qui n'est pas en défaveur de l'exposé de Pecham.

([1]) Martin, III, 900; Ehrle, 184s. H. Spettmann a publié divers travaux sur Pecham, *Franz. Studien*, II, 1915, 170-207, 266-85. Cf. AFH XIV, 848, 868.

Il nous reporte au jour même du *Principium*, du *Chantre de Péronne*, donné sous la direction du maître Gérard d'Abbeville, en présence d'environ vingt-quatre maîtres en théologie, parmi les quels étaient fr. Thomas d'Aquin et fr. Jean Pecham. Ce n'est pas sans raison que Marston relève la présence des deux maîtres à l'ouverture des cours du Chantre de Péronne, quand on y défendit S. Augustin et S. Anselme (¹). A ce témoignage est à ajouter celui de Guillaume de la Mare. Son *Correctorium*, dix fois imprimé, aurait pu rappeler *que déjà avant Pecham* on admettait que fr. Thomas s'était retracté (²).

Somme toute, Pecham apparaît ici comme un témoin oculaire, s'adressant publiquement à des adversaires qui n'étaient pas décidés à se laisser surfaire. S'ils avaient pu le convaincre d'imposture ou lui lancer un défi pour le rôle qu'il s'attribuait à Paris, ils n'auraient certes pas manqué l'occasion, comme c'eût été d'ailleurs leur droit. Qu'on le remarque bien : on n'a jamais accusé l'archevêque d'imposture dans cette question, au contraire Pecham reproche à son adversaire anonyme de répandre des faussetés (³).

Il est surprenant qu'aucun de ceux qui se sont occupés des luttes de Paris, ne se soit donné la peine de confondre ou de démentir historiquement l'archevêque franciscain. Dans ces conditions, la critique a le

---

(¹) « *Ego tamen presens fui Parisius et corporeis auribus audivi, quando incepit Cantor de* Perona, *assidente magistro Girardi de Abatisvilla, presente fr. Thoma de Aquino et fr. Iohanne de Pechamo et aliis doctoribus sacre theologie usque ad XXIIII vel circiter, ubi hec opinio fuit sollempniter excommunicata tanquam contraria sanctorum assertionibus et doctrine, et precipue Augustini et Anselmi ut patuit in opponendo* ». Ms. Conv. Sopp. 123 de la Biblioth. Laurentienne de Florence fol. 60r. et Ms. 158 d'Assise, question 148e en comptant depuis le folio 20. Là, il n'y a pas de doute qu'il faut lire *Perona* et non *Petona* comme a lu le P. Daniels, O. S. B. dans la *Theolog. Quartalschrift* (Tübingen) LVI, 1910, p. 38. Dans la marge supérieure du Ms. de Florence on lit aussi cette autre remarque « Excommunicatio. Fratre Thoma. — *Verum est quod Thomas fuit presens illi excommunicationi et tamen in I super Sentent. dicit quod Verbum in divinis dicitur essentialiter et notionaliter. Dist. 26 pro R.º Forte fecit librum primum ante excommunicationem; quod patet, quia in part. prima Summe tenet quod non dicitur nisi notionaliter. R.e ibi q. 34 pro primo* ». Il sera vraisemblablement intéressant de mieux connaître le Chantre de Péronne et d'avoir ses œuvres, qui renseigneront sur les questions de cette époque.

(²) Voir p. 467, n. 3. Au fol. [78v] on lit à propos du Quodlib. II, q. I. « *Hanc positionem videtur retractasse, ut dicitur. Sed quia retractatio non invenitur scripta…* ».

(³) On a, de nos jours, reproché à Pecham le ton fougueux de ces lettres (v. 443). Mais qu'on veuille considérer que lui, l'archevêque, était bien en droit de prendre ce ton contre des faussetés répandues par le provincial des Frères Prêcheurs et par un Dominicain anonyme. Ne pouvait-il pas défendre son propre honneur et les mesures prises par son prédécesseur l'archevêque dominicain Kilwardby?

droit et même le devoir de prendre en considération les paroles d'un témoin oculaire, non obstant que plus de trente années plus tard, à Naples, *on* parla de Pecham sans le contredire directement ou positivement.

Connaissant les renseignements de Pecham et la déposition de Barthélemy, peut-on, comme on l'a fait, rejeter les informations du premier pour l'assertion du second? — On aurait prouvé que Pecham se serait montré incivil à l'égard de maître Thomas, qu'on n'aurait pas encore établi, ni démontré que les faits publiquement rapportés par le Franciscain sont faux : vu qu'il n'y a pas contradiction. D'abord le maître franciscain aurait facilement, à un moment, pu manquer d'égard pour son collègue et se montrer aimable à l'occasion de la discussion sur l'unité des formes. Et puis le témoignage de l'historien Dominicain anglais, Nicolas Trivet, a aussi une valeur, contre le témoignage très indirecte de Barthélemy de Capoue. Pour l'historien Trivet, qui vécut à P a r i s et à O x f o r d, si Pecham est un prélat « *gestus affatusque pompatici* », il est aussi « *mentis benignae et animi admodum liberalis* »([1]). C'est assez dire que cet historien, théologien et Dominicain anglais, qui vécut avec Pecham, le considère sous un aspect qui n'est pas celui de nos historiens modernes. Ce seul portrait laisse donc bien la possibilité et la probabilité pour l'acte de générosité que Pecham revendique à la face de ses adversaires. En tout cas, il mérite plus de créance que le simple souvenir recueilli d'a p r è s d e s o u ï - d i r e, à Naples, à un millier de kilomêtres de Paris et cinquante ans après les faits.

On pourrait nous suspecter de partialité et de malveillance pour Barthélemy de Capoue, si le P. Mandonnet ne nous apprenait à propos du procès :

« Ces témoins qui déposent à assez longue distance sont aussi trop éloignés des événements, pour qu'ils puissent nous livrer les singularités et les précisions que nous aimerions à connaître, quand nous nous plaçons au point de vue historique. Il serait, en particulier, impossible d'attendre d'eux des données chronologiques qui leur faisaient défaut et à l'égard desquelles ils n'avaient d'ailleurs que des préoccupations assez secondaires. Les auteurs de légendes écrites en vue de la canonisation des saints sont incomparablement plus soucieux de fournir les preuves de la sainteté de leur héros, que de nous détailler les faits communs qui constituent la trame de leur vie. De là la prépondérance accordée aux récits de leurs miracles et à la description de leurs vertus ; mais de là aussi l'insuffisance ce ce que l'on peut appeller leur *curriculum vitae* » ([2]).

([1]) Voir p. 445.   ([2]) Mandonnet, *La canonisation*, 5s.

Dans une question historique et critique, il est donc légitime d'étendre à Barthélemy (qui se déclare le porte-voix de Frères Prêcheurs dont nous ignorons les noms et les informations) le jugement que le P. Mandonnet lui-même porte sur Tocco, le premier biographe de S. Thomas et qui fut aussi l'âme du procès de canonisation:

« L'autorité du biographe primitif de saint Thomas dans les questions de chronologie et de critique est très faible. Bernard de Rubeis et le P. Denifle l'ont justement fait remarquer à propos même du récit de la querelle de Guillaume de Saint-Amour. Tocco a été disciple de Thomas d'Aquin à Naples, c'est-à-dire, tout au plus, pendant les deux dernières années de la vie du saint. Il n'a vraisemblablement pas quitté l'Italie avant de venir à Avignon, en 1317, pour l'affaire du procès de canonisation de son maître. Cela nous rapporte assez tard dans les premières années du XIVᵉ siècle. On comprend qu'écrivant loin du temps et du théâtre des événements et avec un médiocre souci de la critique, l'historien ait commis des méprises comme celle que nous signalons, laquelle n'est d'ailleurs pas isolée » (¹).

Puisque le protonotaire Capuan n'est, en 1319 à Naples, qu'un témoin indirect, dont nous avons nous-même constaté qu'il est parfois mal informé (²), il ne reste, dans notre cas, qu'à suivre la conclusion critique donnée pour Tocco: « de peser attentivement ses dires et de les accepter sous bénéfice d'un examen interne et d'un contrôle constant avec les données historiques dûment établis d'ailleurs » (³).

Vu qu'on a anti-critiquement écarté les témoignages de Pecham, comme trop intéressé et n'offrant pas les garanties nécessaires d'indépendance (on pourrait se demander si Barthélemy en offre d'avantage et serait moins intéressé dans l'occurrence), vu encore que Barthélemy décline toute responsabilité d i r e c t e : on est en droit de rechercher si, vers 1270, Pecham se trouvait dans la nécessité de créer un mouvement réactionnaire c o n t r e l e t h o m i s m e, que l'on dit alors généralement admis. On verra, si le milieu historique permet de

---

(¹) Mandonnet, *Siger*, 69.   (²) AFH XIV, 412.

(³) E. Janssens, *Les premiers historiens de la vie de Saint Thomas d'Aquin*, dans *Revue néo-scolastique de philosophie*, XXVI (1924) 476. — Bien que Mr. E. J. trouve trop sévère le jugement du P. Fr. Pelster, S. J.: « En vain on chercherait chez Tocco une diligence méticuleuse » (*Zeitsch. f. kath. Theol.* XLIII, 1920, 395), il se demande toutefois, si « Tocco est un historien dont on peut accepter de confiance, tous les dires? Non point. Il présente de sérieuses lacunes et des défauts réels. Le prieur de Bénévent, d'une manière générale, n'a pas toujours l'exactitude rigoureuse, la sévérité, la défiance, en un mot: l'esprit critique que l'on aurait peut-être pu espérer du promoteur même de la cause. Il lui arrive d'émettre des erreurs, mais c'est là une faute dont nul homme ne peut se flatter d'être exempt. Chose plus grave, on le surprend, en certains cas, presque en flagrant délit de négligence »; l. c. 472.

passer à Pecham le rôle : « d'avoir donné l'assaut à l'enseignement du célèbre régent d'une des écoles des Frères Prêcheurs » et par conséquent s'il faut donner au rapport du légiste Capuan la signification qu'on lui accorde.

**

L'abondance des matériaux historiques permettrait d'écrire un volume sur les luttes de l'augustinisme et de l'aristotélisme et sur l'opposition « assez résolue » de quantité de Dominicains au thomisme (¹). On doit se limiter, ici, à recueillir chronologiquement quelques faits préparant l'événement de 1277 et ceux qui nous portent à l'époque des lettres de Jean Pecham, si intéressantes, mais où l'on a puisé assez arbitrairement quelques renseignements. Nous commencerons par rappeler la position de l'Eglise contre l'Aristotélisme au début du XIIIᵉ siècle ; nous croyons même qu'il est nécessaire de considérer les rapports des deux Ordres Mendiants pour mieux comprendre leurs positions et les faits qui en sont les manifestations.

Les papes du XIIᵉ et du XIIIᵉ siècles défendirent aux moines et aux clercs l'étude des sciences profanes. L'Eglise encouragea l'étude des clercs, mais toujours en vue de favoriser leur ministère (²) ; tandis que la médicine, le droit civil et même la philosophie leur étaient défendus. Avant la fin du XIIIᵉ siècle l'Eglise n'autorisa guère les prêtres d'enseigner la philosophie. Les erreurs auxquelles s'abandonnèrent des artistes, contribuèrent beaucoup à provoquer la condamnation des œuvres d'Aristote, dont nous n'avons pas à refaire l'histoire jusqu'au pontificat de Grégoire IX, et que le pape Urbain IV n'autorisa pas encore le 19 janvier 1263, puisqu'il il confirmait les prohibitions de 1210 et 1215 (³).

Assez bien d'artistes engoués d'Aristote, attaquaient les dogmes catholiques au nom de *la* philosophie, et lui revendiquaient, comme les légistes pour le droit romain, une hégémonie complète. L'ancienne *ancilla theologiae* prétendait à une royauté absolue, reléguant les dogmes dans le domaine spécial de la foi. L'Eglise essentiellement conservatrice lorsqu'on touche aux dogmes, dépôt sacré confié à sa garde par le Christ, se défia des hardiesses des artistes.

Les Franciscains comme les Dominicains ne prirent pas d'autre position que celle de l'Eglise (⁴). Les anciennes Constitutions domi-

---

(¹) Douais, *Essais*, 91. « Echard s'est efforcé d'en amoindrir l'importance en la limitant à quelques Frères éloignés dont les dissidences auraient fait exception ». Echard a eu de nombreux disciples.

(²) Denifle, *Chart.* I, 3, voir aussi 32, 47, 81 etc.   (³) L. c. 427.

(⁴) A. Koperska, *Die Stellung der religiösen Orden zu den Profanwissenschaften*, Freiburg (Schweiz) 1914, 108s.

nicaines nous apprennent que seul le Maître Général permettait dans des cas particuliers l'étude de la philosophie: « *In libris gentilium et philosophorum non studeant, etsi ad horam inspiciant. Seculares scientias non addiscant, nec etiam artes quas liberales vocant, nisi aliquando circa aliquos Magister Ordinis vel capitulum generale voluerit aliter dispensare; sed tantum libros theologicos tam juvenes quam alii legant* »([1]). Les Franciscains suivaient la même voie ([2]). Chez les Dominicains on connaît, par le chapitre provincial de Limoges, la première érection d'un studium ès-arts, vers 1241 ([3]). Mais le mouvement ne semble pas avoir pu se créer sans rencontrer des protestations au chapitre d'Avignon en 1245 ([4]). Selon Koperska l'Ordre est resté officiellement sur ces mêmes positions de 1228 jusqu'à 1259 ([5]).

Gregorovius prétend que le pape Urbain IV fut le premier Souverain Pontife qui fît enseigner la philosophie d'A r i s t o t e; qu'il appela S. Thomas à la curie pour l'y exposer en 1261; et que celui-ci y enseigna ensuite la morale jusqu'en 1269. Tout cela, dit D e n i f l e, est en partie inexact et en partie faux. L'expression *tenere studium Romae* ne se rapporte pas à l'*étude* de la c u r i e r o m a i n e, mais bien à celle de l'Ordre dominicain. En 1265, par exemple, le chapitre provincial d'Anagni envoya Thomas à R o m e; celui de Florence, en 1272, lui confia l'étude d e N a p l e s. Ainsi croulent toutes les combinaisons et structures de Gregorovius ([6]).

([1]) Denifle, *Archiv. für Litt. u. Kirchengesch.* I, 222.

([2]) Hil. Felder, *Geschichte der wissenschaftl. Studien im Franziskanerorden*, Freiburg i. Br. 1904, 380ss.; *Hist. des études* etc., Paris 1908, 395ss.; *Storia degli studi* ecc., Siena 1911, 387ss.

([3]) Douais, *Acta Capitulorum provincialium*, Toulouse 1894, 20.

([4]) L. c. 40.　　　　　　　([5]) L. c. 144.

([6]) H. Denifle, *Die Enstehung der Universitäten des Mittelalters bis 1400*, I, Berlin 1885, 308. Voici la décision du chapitre provincial de 1265: « *Fratri Thome de Aquino iniungimus in remissionem peccatorum, quod teneat studium Rome, et volumus quod fratribus provideatur in necessariis* »; du chap. provincial de Florence: « *Studium generale theologie quantum ad lectiones et personas et numerum studentium committimus plenarie fratri Thome de Aquino* »; l. c. et Douais, 522, 531. A. Pennazzi, *Istoria dell'ostia... di Orvieto*, Montefiascone 1731, 418, a conservé cette autre décision, malheureusement s a n s d a t e: « *Assignamus fratrem Thomam de Aquino pro Lectore in Conventu Urbevetano in remissionem suorum peccatorum* ». On constate, par une recommandation du Chap. gén. de 1267, qu'on insiste que l'Ordre soit dignement représenté dans les couvents des villes où se rendait la curie romaine: « *Prior provincialis Romane provincie diligenter provideat, ut conventus ubi curia fuerit, fratres ydoneos habeat secundum exigentiam curie, priorem specialiter et lectorem* »; Reichert, *Monum. Ord. Fr. Praed.* Romae 1898, III, 138. — On peut ajouter ici une indication de la Chronique du couvent de Pise, où il est dit que S. Thomas avec fr. Proynus

Le Bx. Albert-le-Grand et son illustre disciple S. Thomas se
consacrèrent à concilier Aristote et la foi. Les Franciscains et nombre
de Dominicains ne crurent pas pouvoir les suivre dans cette géné-
reuse tentative. Alexandre de Hales, S. Bonaventure avec toute son
école maintinrent la philosophie au service de S. Augustin et de la
théologie. Le Bx. Humbert de Romans, Maître général des Prêcheurs,
qui démissionna en 1263, resta fidèle à l'ancienne école dominicaine,
comme le prouve son commentaire des Constitutions de l'Ordre, question XIIIᵉ :

*Utrum possimus studere in philosophia. Respondeo : Multi impugnant
et impugnaturi sunt fidem catholicam per philosophiam, et ideo expedit
sciri quaedam apud philosophos, ut fides melius defendatur, sicut expedit
scire haereses propter idem. — Item, multi errores sunt apud eos, et etiam
alibi, qui per quasdam eorum veritates confunduntur... Valent ergo philosophicae scientiae ad fidei defensionem, ad errorum destructionem, ad
sanctarum Scripturarum intellectionem, in ingenii acuitionem, ad fidei
adiutorium, ad cordium commotionem, ad evitandum Ordinis contemptum,
ad scientiarum illarum c o n t e m p t u m. Proinde n o n s u n t o m n i n o
c o n t e m n e n d a e. — Sed nec aequaliter sunt ab omnibus sectandae vel
appetendae philosophicae scientiae »* (¹).

A vrai dire, on n'a pas étudié le mouvement scolastique du
XIIIᶜ siècle sous ses divers aspects. Il n'est donc pas étonnant, qu'un
personnage cependant très dévoué à l'université de Paris (²) et qui
ne fut jamais sympathique à l'Aristotélisme, parce qu'il semble avoir
été toujours le protecteur de l'Augustinisme, n'ait pas encore été
l'objet d'une étude spéciale. Le Cardinal S i m o n d e B r i o n, d'abord
chancelier de S. Louis, fut élevé à la pourpre le 24 décembre 1261 ;
et passa la plus grande partie de sa vie en France, comme *légat*. Rare-
ment on le trouva à la curie romaine : à peine du 13 novembre 1263
au 30 janvier 1264 (³). Il quitta ensuite Paris le 9 février 1269,
pour aller au conclave qui élut Grégoire X, le 1ᵉʳ sept. 1271 (⁴). Mais
il reviendra bientôt en France, pour monter plus tard sur le trône
pontifical s o u s l e n o m d e M a r t i n IV (1281-85).

---

de Pise et deux autres Dominicains furent promus prédicateurs généraux au
chapitre de Naples, le 29 sept. 1260; *Cronica del conv. di S. Caterina a Pisa*,
dans *Arch. stor. ital.*, Firenze 1845, VI, p. II, Sez. III, p. 412.

(¹) J. J. Berthier, *B. Humberti de Romanis... Opera de vita regulari*, Romae 1899, II, 42. Cet ouvrage fut laissé incomplet par le Général.

(²) Du Boulay écrivit déjà « A pueritia in Scholis Parisiensibus liberalibus
artibus informatus, Universitatem ut matrem suam summo sem per honore
coluit »; *Historia Universitatis Parisiensis*, Parisiis 1666, II, 710; voir aussi 340s.

(³) Potthast, *Regesta Rom. Pont.* n. 18713-93.

(⁴) Fragments des Registres d'Eudes Rigaud, O. F. M. dans Bouquet, *Recueil des Historiens des Gaules*, XXI, 593.

Crevier affirme que ce légat condamna l'aristotélisme à Paris ([1]). Fait-il allusion à la confirmation des prohibitions de 1263, citée plus haut, ou faut-il reporter l'action du légat aux luttes de 1277? Peut-être bien à l'une et à l'autre époque. Il est certain que Simon s'occupa beaucoup de l'université. A ce titre il ne mériterait que trop qu'on examinât de près son activité.

Durant la longue vacance du Saint Siège (nov. 1268 - sept. 1271) des artistes se montrèrent de plus en plus hardis à la suite de leur maître Aristote. Etait-ce à cause du départ du cardinal-légat Simon, qui venait de se rendre au conclave le 9 février 1269? — On n'a pas assez remarqué et mis en rapport avec la présence de certains personnages à Paris, une allusion de la lettre de Jean XXI en 1277 à l'université parisienne: « *quidam errores in preiudicium eiusdem fidei de novo pullulasse dicuntur* » ([2]). Simon vit et revit à Paris un autre légat et sa suite, qui se rendait en Angleterre. C'était le cardinal Ottoboni (Adrien V), le grand ami et protecteur de Jean de Parme, ex-Ministre général et ancien maître ou bachelier de l'université de Paris. La suite du légat, futur pape, ne comptait pas moins de trois autres futurs Souverains Pontifes, tous plus ou moins liés à l'université de Paris: Théobald Visconti, archidiacre de Liége, qui alla devenir Grégoire X (1271-1276), le fameux Pierre Hispanus, professeur durant bien des années à Paris et futur Jean XXI (1276-77), et Benoît Gaëtani (Boniface VIII; 1295-1303) ([3]). La légation dura du 4 mai 1265 à l'année 1269. — Théobald Visconti ([4]), maître en droit canon, fut majordome du cardinal Jacques Pecoraria; en 1243 il refusa l'évêché de Plaisance par amitié pour le Dominicain Jacques de Castro Arquato; prépara le premier concile de Lyon, deux années plus tard, et alla ensuite prendre la maîtrise en théologie à Paris, comme archidiacre de Liége ([5]). Durant sa légation en Angleterre il eut maintes fois à faire la navette entre la cour de Londres et celle de Paris. Ami et confident de S. Louis, il partit avec le roi de France pour la croisade (1270), dont il était prédicateur. A ces divers titres Théobald reserra ses anciens liens d'amitié avec l'Ordre dominicain et particulièrement avec les provinciaux de France et d'Angleterre, Pierre de Tarentaise, son successeur sous le nom d'Innocent V (1276), et Robert de Kilwardby, chargés tous deux de promouvoir la croisade ([6]).

([1]) *Hist. littér. de la France*, XIX, 388. ([2]) Denifle, *Chart.* I, 541.

([3]) Ed. Jordan, *Registres de Clément IV*, Paris 1893, donne les lettres au légat et à sa suite aux n. 39-78.

([4]) Bonucci, S. J., *Istoria del... B. Gregorio X*, Roma 1711, 11-26.

([5]) L. c. 28. ([6]) *Bull. Franc.* III, 26 et II, 538.

A Paris, Théobald Visconti, le pieux archidiacre de Liége vit aussi de bien près les exploits de l'influent chanoine de Liége (¹), Siger de Brabant. Les excès du chef des artistes parisiens n'auront certes pas gagné la sympathie du futur Grégoire X, qui prêchait alors la croisade. La campagne qu'un autre prédicateur et théologien, Gilbert de Tournai, menait (aux côtes de S. Bonaventure) contre ses anciens collègues ès-arts, aura d'autant plus attiré l'attention de l'archidiacre liégeois. Ce fameux maître ès-arts, entré dans l'Ordre franciscain et devenu maître en théologie, n'était pas homme à céder le terrain aux artistes aristotéliciens, ne jurant que par Aristote. Aussi l'épitaphe de Gilbert rappelle-t-elle le lutteur : *debellans arma Golliae* (²).

Ici il faudrait étudier et s'arrêter à des épisodes et à des personnages, qui intéressent la question ; mais cela nous entraînerait beaucoup trop loin, plus que ne le permettent les limites de cet article. — Il est certain que les extravagants excès de beaucoup d'artistes durent rendre bien délicate la position des aristotéliciens modérés et tout particulièrement de celui qui paraît avoir été leur protecteur, le cardinal dominicain Annibaldi, élève de S. Thomas. — Il n'est pas moins intéressant de noter, en passant, qu'il resta le seul Cardinal dominicain aristotélicien (³) jusqu'à ce qu'en 1288 le Franciscain, Nicolas IV, promut Hugues Séguin de Billay (⁴).

Etant donné que l'ancienne école augustinienne dominait toujours à la curie romaine, il n'est pas surprenant de voir Grégoire X élever, dès 1272 et motu proprio aux sièges primatiaux d'Angleterre et des

---

(¹) Mandonnet, *Siger*, 64.

(²) Ce Franciscain, dont on ne s'occupa guère, eut une grande influence : Alex. IV veut ses sermons en 1255 ; à la demande de S. Louis il écrivit en 1259 *De eruditione regium* ; le *De modo addiscendi* pour Jean de Flandre, fils de Gui Dampierre et plus tard évêque de Metz et de Liége ; le *De officio episcopi* pour Guillaume, évêq. d'Orléans (1237-58) ; la vie de S. Eleuthère pour l'évêque de Tournai, Jean (1261-66) ; la lettre exhortatoire à la B. Isabelle, Sœur de S. Louis, à la demande de Philippe confesseur d'Alphonse, frère de S. Louis et le *De pace* pour Marie Dampierre, fille de la comtesse Marguerite. Voir P. Eph. Longpré, O. F. M., *Tractatus de Pace*, Quaracchi 1925, xv ss. — Il y aurait d'intéressants et curieux rapprochements à faire entre le fameux *De erroribus Philosophorum* (édité par le P. Mandonnet, *Siger de Brabant*, t. II, pp. 1-25) et les écrits de notre Gilbert. D'autre part ses rapports avec les écrits de cette époque de S. Bonaventure, ne sont pas moins à relever. C'est un personnage, dont les œuvres comme les relations mériteraient une étude spéciale et une place dans l'histoire de l'université.

(³) Il suffit de nommer les augustiniens Hugues de S. Cher (1244), Tarentaise (1273), Kilwardby (1279) et probablement son confrère Latino (1279).

(⁴) Eubel, *Hierarchia*², I, 11.

Gaules, des hommes, partisans de ses propres convictions: Robert Kilwardby et Pierre de Tarentaise; et de constater que l'année suivante il choisit encore dans cette même école ses conseillers théologiens pour les introduire dans le Sacré Collège, en conférant le cardinalat à S. Bonaventure, au B. Pierre de Tarentaise et à Pierre Hispanus (Jean XXI) (¹). Et, comme s'il voulait encore affirmer davantage ses sentiments et ceux de son entourage, il posa l'acte qu'on lit dans une chronique du XIVᵉ siècle: Le pape créa cinq cardinaux... « *inter quos fuit fr. Bonaventura... summus magister in sacra theologia, homo sancte vite et multe eruditionis, qui plures edidit libros et precipue iiij super Sententias, quos dominus Papa cum tota curia approbavit, et in archivio ecclesie poni fecit cum aliis libris authenticis* » (²). Ce renseignement historique, un des trop rares qu'on nous a conservés sur S. Bonaventure, croît en importance par le fait que parmi les exemplaires, exposés chez les libraires parisiens, entre 1275 et 1286 selon Denifle, on ne trouve pas les *dernières œuvres* de S. Thomas: « *Tertia Summae pars, quam Thomas imperfectam reliquit, ubique omittitur. Forte tunc temporis non erat adhuc multum divulgata* » (³).

L'intransigeance et l'impertinence des artistes récompensaient mal les efforts conciliateurs des aristotéliciens. S'intéressant peu ou pas des dogmes de l'Eglise, beaucoup d'artistes proclamaient sans ambages leur philosophie la reine absolue des sciences: « *quod non est excellentior status, quam vacare philosophiae. Quod sapientes mundi sunt philosophi tantum* » etc. (⁴). *L'ancilla theologiae* exigeait donc l'émancipation complète et absolue, reléguant l'Eglise et sa théologie en dehors de sa route. Mais le cardinal-légat, Simon de Brion, ne leur accordera pas l'absolutisme, l'évêque et les maîtres de Paris non plus.

Grégoire X avait donné les plus larges pouvoirs au légat (⁵), et le pape Jean XXI ne les révoqua pas en 1276. Le 6 déc. 1276, fête

---

(¹) Eubel, 9.   (²) MS. lat. 5006, fol. 158 v de la Bibl. Nat. de Paris. Voir aussi G. Golubovich, *Biblioteca bio-bibliografica della Terra Santa*, Quaracchi 1913, II 125.

(³) *Chart.* I, 649, n. 17. — A propos de cette liste le P. J. A. Destrez, O. P., écrit dans la *Revue des sciences phil. et théol.*, XIII (1924), 189, n. 2, cette « liste de l'université de Paris datée 1275-1286 par les éditeurs du *Chart. Univ. Par.*, mais en réalité de très peu postérieure à 1275,... ne connaît pas en effet les œuvres que S. Thomas a composées en Italie et plus spécialement la IIIᵃ Pars; or il est manifeste qu'on n'a pas dû attendre l'année 1286 pour mettre cet ouvrage en circulation à Paris. S. Thomas étant mort en 1274, c'est dans les premières années qui ont suivi sa mort que la IIIᵃ Pars a dû être connue à Paris, et cette liste qui ne la connaît pas, est antérieure à cette époque ». Ici la date de l'apparition du MS. exemplaire aurait un réel intérêt historique.

(⁴) Mandonnet, *Siger*, II, 176.   (⁵) Guiraud, *Registres de Grégoire X.*

patronale des étudiants, Simon attaqua de front les mœurs des universitaires qui déshonoraient par des bacchanales la célébration de leurs saints patrons (¹). Trois mois plus tôt on interdit aussi tous les conventicules où s'exposaient en secret certains ouvrages, et on défendit désormais tout enseignement en dehors de cours publics; on ne fit d'exception que pour la grammaire et la logique. Tout maître et bachelier qui enseignerait dans des réunions clandestines, se verrait exclu de la société universitaire (²).

Il est superflu de faire remarquer que le cardinal et l'université luttaient ici contre cette recrudescence d'erreurs philosophiques dont Jean XXI voulait avoir le relevé le 18 janvier 1277 et qui aboutit à la condamnation du 7 mars suivant. Il est tout naturel que Jean XXI, le philosophe renommé (³), qui passa tant d'années à Paris (⁴, qui fut le protecteur des savants et des étudiants, et qui écrivit même sur Aristote (⁵), s'opposa particulièrement à ce mouvement compromettant, ainsi que son légat et l'évêque de Paris.

On a beaucoup écrit sur les condamnations de 1277, mais pas toujours objectivement. Renan et Hauréau affirmaient qu'on voulut frapper l'école franciscaine, marchant à la remorque d'Averroès... Puis c'est Etienne Tempier l'évêque de Paris auquel on a fait jouer on ne sait trop quel rôle... Le représentant spécial du pape, Simon, le cardinal-légat n'était-il pas sur les lieux? Jean XXI, l'ancien maître de Paris, ayant appris que les anciennes erreurs renaissent (⁶), resta-t-il peut-être indifférent aux idées de son université?

Ce dont on ne s'est jamais aperçu, ou ce qui, tout au moins, ne fut jamais relevé: les Généraux des Mineurs et des Prêcheurs: Jérôme d'Ascoli, maître en théologie, qui cimenta avec S. Bonaventure l'union des Grecs à Lyon, et Jean de Verceil furent envoyés à Paris, après le 15 octobre 1276, et restèrent en France jusqu'en 1278 (⁷), pour rétablir la paix entre Philippe le Hardi et Alphonse de Castille. Il ne faut pas créer des hypothèses pour avoir le droit d'affirmer qui les deux Généraux et leur entourage auront suivi de très près les luttes dans lesquelles les deux Ordres se trouvaient mêlés à divers points de vue.

(¹) *Chart.* I, 540.   (²) L. c. 538.   (³) G. Petella, *Sull'identità di Pietro Ispano medico in Siena e poi papa col filosofo dantesco*, dans *Bullettino Senese di storia patria*, 1899, VI, 276-329.   (⁴) L. c. 298s.

(⁵) Ricobaldo de Ferrare dit vers 1312: « *Tractatus in Logica composuit* » et Panvinio dira: « *in omni doctrinarum et artium liberalium genere versatus et præsertim in doctrina Aristotelica* », voir *Epitome Pontificum Rom.*, Venetiis 1557, s. v.

(⁶) Infra, 558 note 1.

(⁷) *Bull. Franc.* III, 248; Ripoll, *Bull. Praed.* I, 549; Mothon, O. P., *Vita del B. Giovanni da Vercelli*, Vercelli 1903, 430s.

　　　Un document encore inédit, bien qu'il fût signalé, il y a quarante ans déjà, dans une célèbre étude de F. Kaltenbrunner ([1]), confirme qu'on n'est pas trop bien renseigné sur les luttes augustino-aristotéliciennes. Grâce à ce document on saura désormais qu'il n'existe pas seulement une bulle du 18 janvier 1277 contre les artistes de Paris; mais que Jean XXI donna, le 28 avril suivant, une bulle supplémentaire contre les théologiens, qui suivaient les premiers. Le pape voulait, sans tarder, avoir la liste des erreurs enseignées et

---

([1]) *Römische Studien* dans *Mittheilungen d. Instituts f. œsterreich. Geschichts-forschung,* Innsbruck 1886, VII, 580, n. 472. R. Stapper, *Papst Iohannes XXI,* Münster i. W. 1898, 4 et 99 et Petella l. c. 298-301 donnent des extraits du document historique, mais se demandent si la bulle fut effectivement expédiée. Toute la base de leur soupçon, ils la donnent en disant que la bulle du 28 avril n'est qu'une répétition plus longue de celle du 18 janvier (!?) et que le 7 mars l'évêque Tempier avait déjà fourni les renseignements demandés le 28 avril (!). — Il suffit de remarquer que le 7 mars on s'occupe des erreurs des artistes, tandisque la bulle du 28 avril vise les théologiens. Le lecteur peut juger personnellement en comparant les deux textes. Voici celui du 18 janvier. « *Ep. Paris. Relatio nimis implacida nostrum nuper turbavit auditum, amaricavit et animum, quod Parisius, ubi fons vivus sapientie salutaris habundanter hucusque scaturiit suos rivos limpidissimos fidem patefacientes catholicam usque ad terminos orbis terre diffundens, quidam errores in preiudicium eiusdem fidei de novo pullulasse dicuntur. Volumus itaque tibique auctoritate presentium districte precipiendo mandamus quatenus diligenter facias inspici vel inquiri, a quibus personis et in quibus locis errores huiusmodi dicti sunt sive scripti, et que didiceris sive inveneris, conscripta fideliter nobis per tuum nuntium transmittere quamcitius non omittas. Datum Viterbii XV kal. februarii anno primo* » (Denifle, I, 541). On est forcé d'inventer des hypothèses pour expliquer l'intervention des quelques Cardinaux, dont parle Pecham. Tout indique donc bien que Jean XXI exigeait de nouvelles informations. On n'a jamais nié que la bulle ait été préparée par Bérard de Naples, mais on veut l'exclure et l'écarter, en supposant quelle ne fut pas fulminée.

　　　Nous ne comprenons pas que l'illustre Dominicain, H. Denifle, n'ait pas cru devoir mentionner la bulle dans son *Chartularium.* Dès 1883 il connaissait cependant les MSS. du Vatican et de Bordeaux puisqu'il dit d'avoir comparé des lettres de Bérard (*Universitäten,* I, 305, n. 338). Cela étonne beaucoup de la part du sévère critique, généralement si bien informé. On a d'autant plus lieu d'être surpris qu'il publia cependant la lettre de Pecham aux cardinaux où est fait allusion à leur contre-ordre à un ordre antérieur, ordonnant d'attendre un mandat supplémentaire, et où Pecham ajoute encore: *Aliud igitur est, quod de scriptis* THEOLOGICIS *est Romanae celsitudini reservatum (Chart.* I, 625). Tout cela supposait notre bulle. — Les collections que Bérard de Naples a composées dans la chancellerie du pape (Kaltenbrunner, 608 s.) nous ont conservé la date de son expédition. Aucune des collections connues donne lieu à des suspects pour sa fulmination; car des Cardinaux interviennent pour arrêter les effets de ce document, dont les collections de Bérard de Naples défendent de suspecter l'historicité. Tout critique impartial devra donc s'incliner, accepter les témoignages des collections et admettre que la bulle *Flumen aquae* fut fulminée le 28 avril.

les noms des théologiens qui les répandaient. Ecœuré de ce qui se
qui se passait à Paris, Jean XXI ordonna à l'évêque de réunir les
maîtres et d'exécuter ses ordres et de lui faire pervenir dans le plus
bref délai une relation officielle, scellée; afin de lui permettre de prendre
les mesures que comporterait la situation. Tous ces renseignements
nous sont garantis par Bérard de Naples, notaire de la chancellerie
papale, d'après la bulle conservée dans le MS. *761* de Bordeaux,
un des plus précieux qui conservent les compositions du célèbre notaire (¹).

Episcopo Parisiensi (²).

Flumen aque (³) vive tanquam cristallus splendidum, de Dei et Agni
sede (⁴) procedens (Apoc. XXII, 1), Parisiense hactenus Studium doctrina
vite vivificare consueverat (⁵) animas, ipsas moribus faciens ac virtutibus
resplendere. Hoc utique flumen, Dei aquis in scientiarum ubertate re-
pletum, norma morum, inundacione talium civitatem Dei letificans, uni-
versalem Ecclesiam longe lateque orbe toto diffusam multipliciter illu-
stravit, dum eius doctrina crescens et ut (⁶) pluvia velut imbrem super
herbam et stillam super gramina sui eloquii fluenta diffudit: rudes (⁷)
erudiens, et acuens aciem et plenius lumen illuminans doctiorum. Sed
proh dolor, sicut in amaritudine multa cordis audivimus, sic cepit illius
claritas per aliquos imperitis sermonibus involventes sententias obscu-
rari, sic est ipsius (⁸) color optimus immutatus, ut tenebre videantur
fieri (⁹) lumen eius. Siquidem, unde catholice veritatis derivari solebat
irriguum, undique orthodoxas irrigans naciones, ibi heretice falsitatis
quasi scaturire dicuntur errores, proprio contagio in aliorum infectionem,
nisi suo prefocentur in ortu, facile obrepturi. Multorum namque fide-
dignorum habet assercio et iam communis notio publicat, quod sunt et
fuerunt hiis quasi diebus nonnulli tam (¹⁰) in artibus quam in theologica, quod horrendum est amplius, facultate studentes Parisius,
apud quos (¹¹) iuxta prophetie vaticinium: veritas corruit in platea
(Is. LIX, 14); dum enim putantes in suis vanitatibus prevalere, vana (¹²)
cogitant et in excessu curiositatis nimie subtilia (¹³) perscrutantur: non

---

(¹) L. Delisle a démontré la grande valeur de ce MS. dans sa magistrale
étude sur les MSS. de Bérard: *Notices et Extraits des manuscrits de la Bibl. Nat.*
XXVII, 1, Paris 1879, 87-167. Notre bulle se trouve au fol. 103; le texte a
été controlé et corrigé sur les MSS. lat. du Vatican *3977* (= V), fol. 170r-v
et *6735* (= W), fol. 112v-3v) ainsi que sur le MS. lat. de la Nat. de Paris,
14173 (= P), fol. 209v-10v.

(²) VP mettent comme rubrique: *Ut episcopus Parisiensis de quibusdam in-
quirat erroribus contra fidem seminatis et tam ipsos quam eorum actores signi-
ficet pape.*   (³) B *aqua.* La vulgate donne *vitae* pour *vive.*   (⁴) V *fide.*

(⁵) P *consuevit.*   (⁶) V *aut* corrigé par P.; W *germina* pour *gramina.*

(⁷) B *rude.*   (⁸) V *illius.*   (⁹) V *fieri videantur.*   (¹⁰) B om. *tam;* P l'a
en marge.   (¹¹) V *quod.*   (¹²) VP *vana.*   (¹³) VP *subalici;* W *subdola.*

solum artiste ([1]) phylosophicis inherentes fantasticis pro veris et seriosis contra Prophete veritatem falsa et quasi fabulosa fingentes, sed et predicti theologi adversus vere catholiceque fidei puritatem dogmatizare presumpserunt erronea, et ea veriti non sunt redigere in scripturas, et ([2]) in vicinas, sicut fertur, et remotas regiones, quod nimirum nimis est amare ([3]) deflendum, eorum erroribus iam diffusis. Quamquam igitur ad tante presumptionis audaciam compescendam et fidei christianae vitanda pericula ([4]) cunctos principes christiani cultus et nominis illius zelus invitet, Nos tamen qui Habrahe patris fidei, licet insufficientibus meritis, typum in Dei Ecclesia gerimus et propterea ipsam specialiter tueri tenemur, etiam singularis quem ad idem, ab olim, concepimus Studium affectus accendit. In illius namque laribus ab annis teneris diucius obversati ([5]) variis scienciis inibi studiose vacavimus et per annos plurimos secus decursus sedentes ipsarum sapidissima earum libamenta gustavimus, quantum nobis Dominus ([6]) maiestatis, vere sapiencie dator, indulsit; propter quod illud ([7]) oblivisci non possumus, sed in tam grandi eius ([8]) deformacione, vicem gerentes ([9]) ipsius ad ipsum in predictis et aliis, gratia divina previa, reformandum omnimodis sollicitam dare proponimus operam et efficacis provisionis remedium adhibere.

Ideoque, cum ea que fidei sunt fidemve contingunt, apostolice sedis auctoritatem specialiter exigant, ipsius requirant ([10]) indaginem et eius decisionem exposcant, fraternitatem tuam monemus, rogamus ([11]) et hortamur ac ([12]) per apostolica tibi nichilominus scripta mandantes, quatenus omnes et singulos errores qui de novo inventi vel resumpti seu renovati sunt in Studio supradicto et actores, inventores, assertores et sectatores eorum, nec non credentes et adherentes eisdem, scripturas quoque in quas errores ipsi redacti dicuntur huiusmodi, etiam eorumdem artistarum figmenta, diligentia exacta perquirens, errores ipsos, actorum, inventorum, assertorum, sectatorum, credencium et adherencium, eorumdem nomina, scripturas etiam et figmenta predicta nobis sociatim sub tuo sigillo cum qua peteris celeritate transmittas, ut receptis eisdem ad discussionem, determinacionem seu reprobationem errorum ipsorum vel etiam ad ordinacionem quam pro ipsius integritate fidei ([13]) conservanda et animarum procuranda salute, nec non et statu eiusdem studii reformando in premissis viderimus faciendam, debita quam tanti et talis negocii qualitas exigit ([14]) maturitate servata, de fratrum nostrorum consilio procedamus. — Datum Viterbi iiij kal. maii ([15]).

Grâce à la seconde bulle et à sa date, on peut donc compléter l'historique des événements survenus à Paris. La 1ère bulle, donnée à

([1]) VWB ajoutent *pro*.   ([2]) B om. *et*.   ([3]) B ajoute *dispendium aliter*.
([4]) V *vitam de periculo;* P *vitande*.   ([5]) VP *observari*, que W a corrigé.
([6]) VP Deus.   ([7]) BPW *illius*.   ([8]) VP om. *eius*.   ([9]) WP *dolentes;*
B ajoute *dolentes*.   ([10]) P *requirunt*.   ([11]) B om. *et*.   ([12]) B *ac*., que W a interprété par *attente*.   ([13]) VWP ajoutent *et*.   ([14]) V om. *exigit*.
([15]) VP om. la date.

Viterbe le 18 janvier 1277, provoqua, le 7 mars, 49 jours (¹) plus tard, à Paris, la condamnation des artistes. Mais, le 28 avril, après 43 jours, Jean XXI donna de Viterbe un nouvel ordre contre des théologiens.

Etienne Tempier reçut donc l'ordre formel de faire, avec les maîtres de Paris, une enquête sur l'enseignement des théologiens et les doctrines de l'université. On se trompe donc en critiquant l'évêque de Paris et en lui reprochant d'avoir commencé de sa propre autorité (?) cette enquête supplémentaire. Par cet acte, il ne faisait que donner suite à l'ordre imposé dans la bulle *Flumen*.

Entre-temps survint, à Viterbe, la mort tragique de Jean XXI. Vers le 14 mai 1277, le pape s'étant à peine installé dans un appartement nouvellement construit dans le palais, un effondrement se produisit et le blessa gravement; il ne survécut que six jours, et mourut le 20 mai 1277 (²).

On ne sait au juste ce qui se passa à Paris durant les mois de la vacance du Saint Siège. Une lettre du Sacré Collège nous apprend cependant que les nonces Jean de Verceil et Jérôme d'Ascoli envoyèrent aux cardinaux un rapport sur leur mission à Paris (³). On sait, aussi d'autre part, par les lettres de Pecham, que quelques cardinaux firent suspendre provisoirement l'enquête à Etienne Tempier et lui ordonnèrent d'attendre un nouveau mandat (⁴). Le Maître général des Prêcheurs informa-t-il de son côté ses amis et protecteurs à la curie romaine? C'est une hypothèse très plausible, surtout si l'on considère les actes du chapitre général des Dominicains, et que nous examinerons plus loin.

Une autre conclusion se dégage de cette bulle: même en 1277, toutes les faveurs et les sympathies n'allaient pas, tant s'en faut, à l'aristotélisme, ni au mouvement philosophique, et les Dominicains se rendaient très bien compte que certaines doctrines de leur Docteur n'étaient pas bien vues du pape. On peut le déduire des chroniques dominicaines.

On fit bientôt une triste réputation au pape Jean XXI. La fin tragique de ce savant théologien, philosophe et médecin, impressionna

---

(¹) Un acte du cardinal-légat, daté de Saint-Denis, 25 déc. 1268: *Pontificatus d. Clementis pp. IIII anno quarto*, prouve qu'il fallait au moyen-âge généralement environ un mois pour correspondre de Paris à Rome. La façon de dater établit clairement qu'après 27 jours le cardinal ignorait encore en France la mort de Clément IV, survenue le 29 nov. 1268. Cf. C. Paulus, *Welt- und Ordensklerus*. Essen-Ruhr 1900, 50.

(²) Stapper, *Papst Johannes XXI*, 107; C. Pinzi, *Storia della città di Viterbo*, Roma 1889, II, 344.   (³) *Bull. Franc.* III, 275.

(⁴) Denifle, I, 625; *Registrum Epist. Fr. Io. Peckham*, III, 866.

les imaginations surexcitées et donna naissance aux plus extravagantes créations légendaires. Beaucoup de chroniqueurs colportèrent et propagèrent ces racontars et cancans. Les Dominicains, moins que les autres, surent s'y soustraire, s'ils ne coopérèrent pas à leur création. Martin de Troppau, dit le Polonais, Fr. Pipini, Bernard Gui, Ptolémée et autres Prêcheurs, qui exercèrent une grande influence sur l'histoire ecclésiastique du moyen âge, transmirent à la tradition un sombre portrait de Jean XXI. — Il est vrai, qu'on serait naïf, si on prenait au sérieux tous les dires des Dominicains et des Franciscains du moyen âge, lorsqu'ils boudent des papes, qui leurs furent défavorables. Comme Dante, ils disposent volentiers du paradis pour leurs amis. S'ils ne mettent pas, comme le poëte, leurs ennemis en enfer, ils ne les ménagent cependant pas (¹).

Scientiarum florem et pontificalem dignitatem quadam stoliditate deformabat, adeo ut naturali industria pro parte carere videretur (²), écrivent, de Jean XXI, Martin et Bernard Gui. — Ptolémée de Lucques ajoute: *Religiosos parum dilexit et inde eidem, ut creditur, male cessit: unde tradunt historiae quod eo tempore, quo camera cecidit super caput eius, quaedam fulminaverat contra religiosos* (³). Pour le Dominicain de Colmar, Jean XXI est un émule de Silvestre II: *Iohannes papa, magus,... religiosis infestus* (⁴). — A lire un Dominicain de Rotweil (vers 1281) on croirait avoir affaire à un fougueux Fraticelle, des plus ardents, du temps de Jean XXII: *Hic hereticus et negromanticus oppressus est in palatio a dyabolo, benedictus Deus! quia impugnavit dicta Thome et Alberti etc. In cuius collo morientis inventa est cedula cum karacteribus suspectis* (⁵).

(¹) L'*Histoire des Maîtres généraux*, O. P., I, 451, emprunte à Thomas de Cantimpré, O. P., qu'Innocent IV fut frappé de paralysie le jour où il signa la bulle contre les Ordres Mendiants et qu'il dut paraître au tribunal divin entre S. Dominique et S. François; un Cardinal, Pierre de Collémedio, adversaire des Mendiants, meurt subitement après un accès de violente colère (I, 450); le Chancelier de l'université, Philippe de Grève, est mis au nombre des répouvés (I, 155), bien qu'il se serait reconcilié avec les Mineurs (I, 110). Cf. AFH XVIII, 285.   (²) MGH SS XII, 443.   (³) *Rer. Ital. Script.* XI, 1176.

(⁴) MGH SS XII, 202. — Le Conventuel Fr. Pagi supposa déjà, en 1718, que ces religieux qu'ils prétendaient haïs étaient, peut être, les Dominicains eux-mêmes. *Breviarium historico-chronologico-criticum... Pontificum Romanorum*, Antverpiae 1718, III, 427.

(⁵) *Monumenta Erphesfurtensia saec. XII-XIV*, ed. Holder-Egger dans *Script. rer. Germ.* Hannoverae 1896, 689. — Dans sa *Chronica de civitate Ianuensi*, Iacopo da Varazze, O. P., écrit de Jean XXI: « *Scientia physicali et naturali multum repletus* »; *Rer. Ital. Script.* IX, 52; chez Franc. Pipini, *Dominicain de Bologne*, on lit: « *Magister Petrus, vir litteratus apprime, magis oblectabatur quæstionibus scientiarum, quam negotiis Papalis, et quamquam magnus esset philosophus, fuit tamen discretione et naturali scientia vacuus* ». *Chronicon...* l. c. IX, 728. Voir aussi Mortier, *Hist. des Maîtres gén.* II, 150-1.

Ces quelques exemples prouvent la mauvaise humeur des Prêcheurs et laissent deviner le mécontentement des aristotéliciens. — Deux jours après que le palais papal croula, les Dominicains se réunissaient en c h a p i t r e g é n é r a l à Bordeaux, le 16 mai 1277; on y ignorait donc encore la mort du pape. On ne devait connaître que la bulle du 18 janvier, et cependant à la fin du chapitre on ordonnua: « *quod lectores ordinarii in conventibus plus legant de textu Biblie, quam solent, et semper lectio Biblie aliis lectionibus premittatur* » (¹). On imposa aussi de réciter chaque jour, après matines, les litanies, « restées célèbres » (²), « *pro bono statu et conservatione ordinis* » (³). Les chroniques dominicaines citées encadrent et illuminent tout particulièrement la décision et les prescriptions du chapitre et dépeignent l'état d'esprit de l'Ordre: on a même l'impression que ses autorités devaient se sentir isolées (⁴).

L'historien de Jean XXI, décrivant l'e n t o u r a g e du pape, soulève le voile sur ses inclinations, ses tendances et ses idées: il est évident que généralement tous ne s'entourent que de collaborateurs qui partagent ou secondent leurs idées, vues ou projets. Stapper observe que Jean XXI se sentait tout spécialement attiré vers le monde intellectuel: il protégeait volontiers les savants, surtout les plus pauvres (⁵). L'infatigable apôtre des arabes, le Bx. Raymond Lulle, vit aussi approuver par ce pape, le premier c o l l è g e de missionnaires à Miramare (⁶). Jean XXI se proposait même d'élever au cardinalat le Bx. Jean de Parme, l'ex-Général franciscain, qu'on prétend aussi avoir été le maître du pape (⁷). Mais plus que tous les autres, le cardinal G a ë t a n i O r s i n i, protecteur de l'Ordre franciscain, possédait la confiance papale.

Stapper remarque très à propos: « Tout l'avantage fait à l'Ordre franciscain, les Dominicains semblent l'attribuer à l'influence du car-

---

(¹) *Mon. Ord. Praed.* III, 190.

(²) Mortier, O. P., *Hist. des Maîtres généraux*, I, 465.

(³) *Mon. Ord. Praed.* III, 192.

(⁴) Mais Jean de Verceil, qui présidait le chapitre (Mortier, II, 150), l'a sans nul doute informé de ce qui se passait à Paris et à la Curie.

(⁵) Chap. 14: *Der Papst als Freund der Wissenschaften*, 95s.

(⁶) P. And. de Palma de Mallorca, O. M. Cap., *De la fundació del Colegio de Miramar* dans *Estudios Franciscanos*, XXIX, 1922, 120s. — Le P. And. Ivars a publié le dossier contre l'inquisiteur dominicain, Nic. Eyméric, l'implacable adversaire de Raymond: *Los Jurados de Valencia y el inquisidor Fr. Nic. Eymerich, Cuestion Luliana*, extrait de l'*Archivo Ibero-Americano*, XVI, Madrid 1916. Il est surprenant que le P. Mandonnet (*La canonisation*, 4) ne sache se montrer plus objectif. Les études critiques qui se publient sur ce Bienheureux prouvent qu'il mérite plus que le dédain conventionnel qu'on affecte dans certains milieux.   (⁷) Salimbene, 304; Stapper, 8, 101.

nal Orsini, et ils semblent avoir conçu pas mal de dépit de se voir dépassés; tout au moins, le dominicain Ptolemée laisse-t-il percer une pointe d'envie, lorsqu'il écrit de Jean XXI: « *Domini Iohannis Gaitani nutu multa faciebat, eo quod principalis auctor fuerit suae promotionis.* » (¹). Mais l'historien objecte que la reconnaissance pour son « promoteur » était loin d'être la principale raison qui poussait ce pape à suivre les conseils d'Orsini: il l'écoutait, parce qu'il était le cardinal le plus habile et le plus influent du Sacré Collège (²). De fait, il devint pape, après Jean XXI, sous le nom de Nicolas III (1277-1280).

A la légende que Jean XXI fut l'ennemi des religieux, l'historien oppose une série de faits concrets et conclut: « Critiquement les jugements des chroniqueurs dominicains prouvent donc le fait que ce pape fut d'une nature tellement indépendante et qu'il envisagea si universellement la position de la papauté, qu'il ne voulut pas l'identifier avec des intérêts particuliers » (³). — En somme, l'antipathie contre ce pape avait donc son fondement: parce que « *quaedam fulminaverat contra religiosos* » (⁴); allusion manifeste à la bulle *Flumen aquae vivae*; le Dominicain de Rotweil dissipe tout doute à ce sujet (⁵). D'ailleurs l'antiphatie de Ptolémée contre Jean Gaëtani se comprend d'autant plus facilement, que le cardinal avait deux neveux Dominicains maîtres en théologie: Latino Frangipani, que Jean Gaëtani (devenu Nicolas III) créera cardinal, et le fameux Fra Romano, successeur ou collègue de S. Thomas à Paris en 1272; mais les symphathies de ces deux Dominicains, restèrent à l'augustinisme.

Certains historiens de S. Thomas avaient déjà remarqué que les deux Dominicains, Thomas et Romain, discutèrent, vers 1272, des questions qui divisent les aristotéliciens des augustiniens (⁶). Le MS. du *Vatican, Palat. lat. 331,* contenant le Commentaire des Sentences de Fr. Romain, découvert par Mgr. Grabmann, confirme que, modestement, ce neveu du cardinal Jean Gaëtani Orsini et frère du cardinal Mathieu Orsini, s'en tenait aux opinions communes et n'entendait pas battre les voies nouvelles (⁷). Il n'est donc pas absolument superflu d'attirer l'attention sur ce collègue dominicain de S. Thomas, qui regarde comme opinions communes celles de l'augustinisme. Le maître parisien dominicain confirme ainsi, très nettement, la remarque du Franciscain Pecham, qu'à Paris les Prêcheurs eux-

---

(¹) *Historia Eccles.* dans *Rer. It. SS.* XI, 1176; Stapper, 105.
(²) Stapper, 105.   (³) Stapper, 103.   (⁴) Ptolémée, l. c.
(⁵) Voir p. 462.   (⁶) Quétif-Echard, *Scriptores,* I, 263.
(⁷) *La scuola tomistica italiana nel XIII e al principio del XIV secolo,* dans *Rivista neo-scolastica,* 1923, XV, 111.

mêmes ne suivirent pas leur confrère avec cette unanimité qu'on prétend.

Frère Romain nous offre encore l'occasion de remarquer, en passant, qu'il commença son P r o l o g u e par le fameux texte de l'Apocalypse: *Ostendit mihi flumen aquae vitae splendidum tanquam crystallum, procedens de sede Dei et Agni in medio platearum* (XXII, 1), précisement celui auquel recourt la bulle de Jean XXI. Est-ce une simple coïncidence fortuite, que le *factotum* du pape Jean XXI, O r s i n i, si antipathique à Ptolémée, se soit inspiré chez son neveu Dominicain pour défendre l'A u g u s t i n i s m e?

La mort de Jean XXI ne permit guère à l'aristotélisme de fortifier ses positions à la curie romaine; car le 25 nov. 1277 on élut le conseiller du pape défunt. Jean Gaëtani Orsini devint pape sous le nom de N i c o l a s III et dès le 12 mars 1278, il créa n e u f nou-veaux c a r d i n a u x, parmi lesquels quatre maîtres en théologie,.deux Franciscains: J é r ô m e d'A s c o l i, ex-Général et B e n t i v e n g a, évê-que de Todi, ainsique deux Dominicains: R o b e r t K i l w a r d b y et le neveu du pape, L a t i n o F r a n g i p a n i (¹). C'étaient tous des représentants de l'ancienne école augustinienne (²). Il appela a u s a c r é P a l a i s, comme l e c t e u r o u m a î t r e¦ J e a n P e c h a m, Provincial d'Angleterre. (³). — La promotion du Dominicain anglais Robert Kilwardby encouragea-t-elle les tenants anglais de la tradionnelle école augustinienne dominicaine? Ce n'est ni impossible, ni improbable; car le chapitre général de Milan, de 1278, recourut aux mesures radicales pour enrayer l'opposition qu'on y faisait au thomisme. Voici son décret sur la question:

Iniungimus districte fr. Raymundo de Medullione et fr. Iohanni Vigorosi lectori Montispessulani, quod cum festinacione vadant in Angliam, inquisituri diligenter super facto fratrum, qui in scandalum Ordinis detraxerunt de scriptis venerabilis patris fr. Thome de Aquino. Quibus ex nunc plenam damus auctoritatem in capite et in membris. Qui, quos culpabiles invenerint in predictis puniendi, extra provinciam emittendi et omni officio privandi plenam habeant potestatem. Quod si unus eorum casu aliquo legittimo fuerit impeditus, alter eorum nichilominus

---

(¹) Eubel, *Hierarchia²*, I, 9.

(²) Rien ne permet de dire que Latino avait d'autres opinions que son cousin fr. Romano. — Voir aussi R. Sternfeld, *Der Kardinal Johann Gaetan Orsini*, Berlin 1905, 34.

(³) *Anal. franc.* III, 361, n. 5. — Il est vrai que Denifle (*Chart.* I, 626, n. 7) affirme au contraire que Pecham était déjà maître du Sacré-Palais durant la vacance du Saint Siège (mai-nov. 1277). Denifle ne donnant aucune source, nous ne pouvons vérifier son assertion. Le savant Dominicain reporterait donc déjà la nomination du maître Franciscain au pontificat de Jean XXI (1276-77).

exequatur. Quibus priores de sociis competentibus, quos ipsi ad hoc officium exequendum ydoneos iudicaverint, teneantur quandocumque requisiti fuerint providere ([1]).

Le cardinal dominicain anglais Kilwardby chercha-t-il de soutenir, à Oxford, la tradition de l'augustinisme, ou: Nicolas III voulut-il que cette tradition, encouragée et défendue par cet ancien archevêque de Cantorbéry, fût protégée contre l'action du chapitre général de Milan? On a le fait que le pape cassa l'élection qu'on avait fait du nouveau primat de Cantorbéry, et promut *motu proprio*, comme successeur de Robert Kilwardby, le lecteur du sacré Palais, Jean Pecham, le 28 janvier suivant. Il recommanda, aussi affectueusement que chaleureusement, son candidat au roi et au clergé d'Angleterre ([2]). Si d'une part il plaçait cet augustinien, on pourrait dire comme protecteur de l'université d'Oxford; de l'autre, au sacré Palais, il remplaça Pecham par le célèbre et grand théologien, Mathieu d'Aquasparta, qui fut la gloire de l'école augustino-franciscaine à la curie Romaine ([3]).

En 1279, les Dominicains réunis au chapitre général de Paris, exigèrent un équitable respect de tous les Prêcheurs, même de ceux qui n'entendaient pas encore suivre la doctrine de l'Aquinate, la gloire de leur Ordre ([4]). — Pendant que les Dominicains célébraient leurs assises générales à Paris, les Franciscains étaient réunis à Assise. Après le chapitre général, Nicolas III prépara longuement, avec le cardinal-canoniste, Benoît Gaëtani, et les principaux maîtres de l'Ordre, la célèbre décrétale *Exiit qui seminat* (16 août 1279), inspirée à la doctrine de S. Bonaventure, tout particulièrement pour la fameuse question de la pauvreté ([5]). Le pape y défendit aussi, énergiquement, la règle franciscaine contre d'ardents adversaires. Ses sanctions sévères firent impression chez les Prêcheurs; leur Général et les Provinciaux recommandèrent aussitôt aux religieux la circonspection et la prudence ([6]). — Il serait difficile de prétendre que le pontificat de

---

([1]) *Mon. O. Pr.* III, 199.   ([2]) *Bull. Franc.* III, 375.

([3]) Ehrle, *Zeitschr. f. kath. Theol.* 1883, VII, 46.

([4]) *Cum venerabilis vir memorie recolende fr. Thomas de Aquino, sua conversacione laudabili et scriptis suis multum honoraverit ordinem, nec sit aliquatenus tolerandum, quod de ipso vel scriptis eius aliqui irreverenter et indecenter loquantur, etiam aliter sencientes: iniungimus prioribus provincialibus et conventualibus et eorum vicariis ac visitatoribus universis, quod si aliquos invenerint excedentes in predictis, punire acriter non postponant.* Cf. *Mon. O. Pr.* III, 204.

([5]) V. Maggiani, *De relatione scriptorum quorumdam S. Bonaventurae ad bullam « Exiit » Nicolai III,* dans l'AFH V, 3-21.

([6]) Voici comment un Provincial communique la lettre du Général: *Noveritis me recepisse litteras patris Magistri Ordinis ad eruditionem nostram et cautelam in posterum in hec verba...* Il finit sa communication: ... *in remissionem*

Nicolas III brisa avec la tradition, qui dans les écoles, voulait suivre S. Augustin.

Martin IV, son successeur (1281-84), changea-t-il de direction? « *Iste etiam affectione praecipua Fr. Minorum Ordinem praedilexit* », écrit un continuateur de la Chronique de Limoges (¹). L'ancien légat de France, Simon de Brion (l'ami de Bonaventure), lié à tant d'épisodes de l'université de Paris, aurait dû renier son passé pour protéger l'aristotélisme. — C'est une légende que sous ce pontificat: « L'Ordre franciscain prit officiellement position contre la doctrine de S. Thomas dans le chapitre général de 1282, tenu à Strasbourg sous le ministre général Bonagratia » (²). Guillaume de la Mare publia son *Correctorium fratris Thomae* après les condamnations de 1277 et avant le 16 août 1279, puisqu'il y ignore encore la décrétale *Exiit qui seminat* (³). Dans l'Ordre la substance du *Correctorium*

---

peccatorum vobis iniungo, quatenus sollicite caveatis, ne possitis reprehensibiles et notabiles inveniri, cum de facili possetis excommunicacionis sententia innodari. Propter quod in singulis conventibus transcriptum huius littere habeatur, ut melius fratres possint colligere, circa que ipsos oportcat cautos esse...; Mon. O. Pr., V, 114. — Cette décrétale fut une épine pour les Prêcheurs; les Spirituels s'en servirent même contre Jean XXII; et dans son sermon pour la canonisation de S. Thomas, ce pape oppose sa conception à celle de Nicolas III (Mandonnet, *Canonisation*, 37).

(¹) *Recueil des Hist. des Gaules*, XXI, 789.

(²) Mandonnet, *Siger*, I, 402: « *Generalis minister imponit ministris provincialibus, quod non permittant multiplicari summam fratris Thomae nisi apud lectores notabiliter intelligentes, et hoc nisi cum declarationibus fratris Guille'mi de Mara, non in marginibus positis, sed in quadernis, et huiusmodi declarationes non scribantur per aliquos saeculares* ». — A Paris, tout juste en 1282, le Dominicain Jean de Saint-Benoît défend l'Ordre contre la philosophie. « L'évêque d'Amiens [Guill. de Mâcon] avait attaqué les Frères qui se livraient, indiscrètement peut-être, à l'étude des sciences libérales et surtout de la philosophie » (Mortier, *Hist.* II, 206). « *De religiosis qui student in naturalibus et philosophicis, quos reprehenderat episcopus: dico, cum eo et adhuc plus, quod quicumque illi sunt, qui student in illis ad pompam et ambitionem et ad apparentiam et ad curiositatem sciendi, ipsi peccant, sive sint religiosi studentes sive seculares. Et plus dico, quod plus peccant religiosi quam seculares. Sed qui student sive Praedicatores sive Minores, Saccati, Barrati* (Carmes) *et quicumque alii religiosi, monachi albi vel nigri et regulares canonici etiam in talibus studentes ad inquisitionem veritatis, et ad Dei honorem et proximi sui aedificationem, meritorie student; quia nostra scientia theologica est sapientia, quae aedificavit sibi domum ex septem columnis et vocavit ancillas ad arcem: unde omnes aliae scientiae nobis famulantur, etc.* ». Echard, *Scriptores*, I, 404. Ces discussions prouvent que la philosophie était tenue avec Aristote en suspicion, sous Martin IV et que l'on ne lui laissait pas encore les coudés franches comme elle le prétendait trop.

(³) Les citations des bulles et décrétales à l'Art. 14 au fasc. R. [fol. 54] col. c, de l'édition princeps, prouvent cette conclusion. L'œuvre de Guill. de la Mare a eu dix éditions ensemble avec le *Defensorium sive Correctorium corrup-*

était enseignée officiellement du vivant même de S. Bonaventure. En effet, Guillaume exposait déjà alors le Commentaire du Général de l'Ordre ; et le *Correctorium* fut-il perdu, pourrait presqu'entièrement être reconstitué avec les œuvres du Docteur Séraphique (¹). C'est assez dire que l'Ordre, officiellement, suivait la doctrine de S. Bonaventure. Il est vrai que les relations intimes qu'on suppose avoir existées entre les deux grands maîtres du moyen âge, rendaient inconcevables ces rapports scientifiques tendus, ou mieux, ces fortes divergeances. Avec raison, le P. Mandonnet est peu incliné à admettre qu'il ait existé grande intimité entre S. Thomas et S. Bonaventure : « La légende et peut-être même l'histoire, écrit-il, ont parlé de leur amitié » (²). Tout compte fait, il serait beaucoup plus aisé de prouver qu'il ait existé des rapports d'amitié entre les deux saints, que d'établir qu'il y ait eu communauté d'idées, sur certaines questions déterminées. Bref, on a, par le passé, renversé la question. Ce n'est pas l'Ordre franciscain qui prit position (³) contre l'aristotélisme Albertino-thomiste. Déjà Tocco revendiquait à l'Aquinate le mérite de ses nouveautés (⁴). Au chapitre de 1282, l'école franciscaine marchait, comme toujours, sur les traces de frère Bonaventure, qui à la suite de son maître, Alexandre de Halès, revendique la gloire de suivre S. Augustin plutôt qu'Aristote.

Les historiens de la scolastique ont vraiment trop manqué d'égards envers l'école franciscaine. Renan et autres l'avaient accusé de faire cause commune avec l'Averroïsme ; certains modernes n'ont pas une

---

torii, œuvre dominicaine imprimée sous le nom de Gilles de Rome, O. S. Aug. Strasbourg 1501, Venise 1504, 1508, 1515, 1516, 1536 ; Cologne 1516, 1624 ; Naples 1644 et 1701. Voir G. Boffito, *Saggio di bibliografia Egidiana*, Firenze 1911, 43-5 ; Ehrle, S. J. *Zeitsch. f. kath. Theol.* 1913, 266-87. — On a fait beaucoup de bruit autour de G. de la Mare ; mais comme pour Pecham on a tout gonflé. Le card. Ehrle écrivit en 1913, que le *Correctorium* présente une critique serrée de certaines doctrines de l'Aquinate, et il remarqua qu'il est exempt d'invectives. Observations psycologiques qui réfutent l'opinion créée sur le compte de Guill. de la Mare. L. c. 278.

(¹) Eph. Longpré, O. F. M., *Guillaume de la Mare*, dans *France Franc.* V, 1922, 7-15.

(²) *Siger*, I, 93 ; citant le Paradis de Dante, XI-XII. — A vrai dire historiquement ou connaît peu ou rien dans la vie de S. Thomas et de S. Bonaventure qui puisse prouver leur amitié.

(³) Salimbene, p. 304 ; Alex. de Hales, *Summa theologica*, Quaracchi 1924, I, p. vii, xxviii s. ; *Prælocutio S. Bonaventurae* au livre II des Sentences ; S. Bonav. *Opera*, II, 1.

(⁴) « On a souvent remarqué avec quelle insistance Guillaume de Tocco, disciple du docteur angélique, a accentué ces allures novatrices » ; De Wulf, *Gilles de Lessines: « De unitate formae »*, 44, n. 2 ; Tocco « *sententiarum novitas quas invenit* » (*Vita S. Thomae, Acta SS.*, l. c. 672, c. VII, § 40).

parole pour signaler l'action de frère Bonaventure contre les averroïstes et leur maître Aristote. Et cependant n'eût-il donné que le seul discours sur le thème : *Christus unus omnium Magister* (¹), il aurait déjà dû lui mériter une bonne place dans la lutte contre l'Averroïsme et l'Aristotélisme. L'école franciscaine resta en somme sur la position gardée par l'Eglise jusqu'à cette époque ; aussi Pecham ne revendique-t-il pas autre chose que de suivre l'Augustinisme. Héritage, que le vieux maître Alexandre de Hales, entré dans l'Ordre « *jam senex* »(²), vers la soixantaine, avait lui-même reçu de l'université de Paris.

Il est donc évident, que vers 1282. quand cet Augustinisme parisien-franciscain était porté à son apogée à la curie papale par Mathieu d'Aquasparta, le Chapitre général de Strasbourg ne devait plus prendre position ; il pouvait se contenter de la conserver et de la défendre, au moment où les Dominicains s'efforçaient de défendre la leur (³).

Le successeur de Martin IV, Honorius IV (élu le 2 avril 1285), ne fut pas encore un partisan de l'Aristotélisme mitigé. On en a la preuve dans le fait significatif que Gilles de Rome, O. S. Aug. (un des maîtres qui récusèrent de suivre Etienne Tempier) se décida alors à se soumettre. Il s'en remit à la décision du nouveau pape. Mais Honorius imposa, le 1ᵉʳ juin 1285, à l'Augustin-aristotélicien de se rendre à Paris et chargea Ranulphe des Homblières, successeur d'Etienne Tempier, d'accepter sa rétractation et de lui accorder la licence. Voici ce que le pape écrivit à l'évêque :

« ... *ipsum ad te duximus remittendum... per apostolica scripta mandantes..., dicto fratre coram vobis revocante, quae de dictis contra ipsum una cum maiori parte magistrorum eorumdem iudicaveris revocanda, et specialiter quae dictus praedecessor tuus mandavit, ut praecipitur, revocari, circa licentiam et expeditionem ipsius auctoritate nostra provideas* » (⁴).

(¹) S. Bonav. *Opera*, V, 567.   (²) Roger Bacon, *Opus minus*, 326.

(³) Quand le P. Mandonnet conclut que le décret de 1282 « témoigne indirectement que les doctrines du maître dominicain pénétraient déjà l'enseignement franciscain », il fait vraisemblablement erreur. Que l'Angélique Docteur ait eu une influence, on le concédera. A-t-on jamais prouvé que les principales œuvres franciscaines de cette époque acceptent son patrimoine spécial ; que la « *Sententiarum novitas quas invenit* » (que Tocco célèbre), pénétra l'enseignement franciscain, en 1282 ? Le patrimonie particulier seul constitue essentiellement le thomisme. Lorsqu'on aura établi qu'il s'acclimata auprès des lecteurs franciscains du Sacré Palais et des autres maîtres, on pourra admettre la pénétration.

(⁴) Denifle, *Chart*. I, 633. — Guillaume de Tocco n'est donc pas trop bien informé, lorsqu'il apporte le jugement et les témoignages de Gilles de Rome et de son prétendu *Correctorium* (*Acta SS.*, l. c. 672) : tout au moins lorsqu'on considère cette bulle de 1285.

Coïncidence curieuse, le même jour qu'Honorius IV donna à Rome cette bulle, renvoyant un aristotélicien obstiné se soumettre à Paris, le primat d'Angleterre, Jean Pecham, répondit de Warham aux accusations de l'anonyme Dominicain anglais, et défendit l'école d'Alexandre de Hales et de frère Bonaventure (¹). — Mgr. Grabmann, égaré par la littérature courante, n'a pas vu dans le document d'Honorius IV, de 1285, le cadre historique illustrant un épisode de la vie du Dominicain florentin, Remi des Girolami. Le savant prélat, admettant trop facilement que l'aristotélisme régnait déjà en maître, n'a pu deviner les raisons pour les quelles son héros se vit refuser, vers 1285, les grades à Paris (²). Honorius IV l'explique donc par sa bulle *Licet dilectus*. — Il n'est même pas improbable que l'auto-apologie de maître Eckhart, O. P., donne une transparente allusion (en 1326) aux discussions et à l'examen, imposés à l'université en 1285, lorsque maître Eckhart dit que: « *temporibus nostris* » l'autorité fit examiner comme suspects les œuvres de S. Thomas et de maître Albert (³). Si l'allusion d'Eckhart ne regardait pas les faits de Paris, de 1285, il faudrait supposer que nous ignorons encore d'autres épisodes de la lutte contre le thomisme.

Le fait de trouver, le 1er juin 1285, le pape Honorius IV et le primat d'Angleterre, Jean Pecham, sur la même position vis-à-vis de l'Aristotélisme, même mitigé (suivi par saint Thomas et Gilles de Rome), ce fait prouve tout au moins qu'alors le prétendu « fougueux » Pecham, lui l'ancien maître du Sacré Palais, suivait le courant de la curie Romaine. Pourquoi donc ne peut-on pas le croire lorsqu'il écrit le jour même de la bulle *Licet dilectus:* « *Non igitur* ipsum [S. Thomas] *persequimur, sed arrogantiam nonnullorum...* » (⁴), qui avaient attaqué l'archevêque?

(¹) Voir p. 446.

(²) *Frà Remigio de' Girolami, O. P., discepolo di S. Tommaso d'Aquino e maestro di Dante*, dans *La Scuola Cattolica*, 1915, LIII, 280. — Remi et Eckhart reçurent la maîtrise quinze ans plus tard en 1302. Quétif-Echard, *Scriptores*, I, 506, 507: Denifle, ALKG II, 211.

(³) *Jam pridem magistri theologie Parisius nostris temporibus mandatum habuerint superioris de examinandis libris preclarissimorum virorum sancti Thome de Aquino et domini fratris Alberti tanquam suspectis et erroneis...; Eine lateinische Rechtfertigungsschrift des Meister Eckhart, herausg. von A. Daniels, O. S. B.*; dans *Beiträge z. Gesch. d. Philos. d. Mittelalt.* XXIII, 5, Münster i. W. 1923, 1.

(⁴) Voir p. 447. — La question de Pecham à l'évêque de Lincoln: La doctrine de fr. Alexandre et de fr. Bonaventure et de tant d'autres est-elle moins solide et saine théologiquement et philosophiquement que la nouvelle *quasi tota contraria?* Cette question historique a été traitée longtemps avec beaucoup de dédain, mais très superficiellement. Tout critique honnête devra le reconnaître.

* *

Ces quelques faits prouvent suffisemment que les *novitates* de S. Thomas ne s'imposèrent pas toutes aux théologiens, même Dominicains, du XIIIe siècle. Selon l'historien des études dominicaines: « La doctrine thomiste commença seulement à être reçue un peu partout dans le premier quart du q u a t o r z i è m e siècle » (¹). Pour un médiéviste de profession, le bollandiste Fr. Van Ortroy, S. J., bien que le prestige de S. Thomas alla toujours croissant, « le savoir des Frères Mineurs eut plus de vogue et brilla d'un plus vif éclat aux grandes universités du XIIIe siècle que celui des fils de S. Dominique » (²). Donc, même lorsque Pecham publia ses lettres, qui lui valurent l'épithète de « fougeux Franciscain », les doctrines de S. Thomas n'avaient pas encore conquis de larges adhésions incontestées et ne possédaient même pas encore les faveurs de la curie Romaine.

En face de ces conclusions et de celle non moins importante, que Barthélemy de Capoue n'offre pas des garanties historiques: la critique a ses lois. Mais même si l'on acceptait la déposition du logothète *uti jacet*, la critique ne donnerait pas encore le droit d'affirmer comme probable que Pecham déclancha l'assaut contre saint Thomas v e r s 1270. Tant que ne sera pas controuvé le démenti de l'archevêque, niant d'avoir attaqué l'Aquinate et objectant publiquement (à son adversaire anonyme) d'avoir même été seul à le défendre, à P a r i s, contre ses propres confrères Dominicains, on n'aura pas le droit de se prévaloir de l'autorité du Capouan, d é p o s a n t s e s o u ï - d i r e s à Naples en 1319.

Les faits, recueillis au hasard depuis 1263 et jusqu'en 1285, établissent que le maître franciscain ne se trouva pas devant la nécessité de créer un mouvement de réaction; encore moins, de devoir conduire l'opposition à l'assaut contre des doctrines de S. Thomas; puisque tous les Dominicains eux-mêmes n'étaient pas encore gagnés à la n o u v e l l e cause. L'histoire nous assure, autant que Pecham, que l'ancien augustinisme était maître des positions avant 1270, alors, et plus tard encore. — Au guide sûr des faits historiques on a préféré la licence de conceptions subjectives. Le résultat a été, qu'on a bâtit sur une hypothèse, qui ne se recommande ni par sa solidité ni par sa fidélité à la vérité historique. Bon gré mal gré, la vérité reste une reine que l'on ne prive pas de ses droits souverains; en histoire comme ailleurs on la sert: jamais elle ne se résignera à la servitude.

(¹) Douais, *Essai*, 88.
(²) *Analecta Bolland.* XXVIII, 1909, 131.

Comme conclusion finale et confirmation, nous sommes honorés de pouvoir ajouter à notre article un jugement de l'éminent Cardinal Ehrle, S. J. sur les maîtres franciscains du sacré Palais, qui enseignèrent à la curie Romaine (¹), jusqu'à ce que Guillaume Godin commença, en 1305, la série dominicaine en France (²). L'éminent historien relève que ces maîtres franciscains s'attachèrent spécialement à l'Augustinisme et que « chez Mathieu d'Aquasparta brilla encore dans toute sa splendeur une extraordinaire connaissance et pénétration des écrits de S. Augustin » (³). — Après quarante-deux ans, l'illustre savant souligne et complète donc son jugement, puisqu'il écrivit en 1883 : « Chez aucun des anciens scolastiques — sans même excepter saint Thomas — on trouve, dans des œuvres destinées à l'école, une richesse et éloquence de diction et une clarté d'exposition, semblable à celles que nous admirons dans les fécondes *questions disputées* du savant Cardinal. Ces questions sont le couronnement de ses œuvres. Aussi y travailla-t-il encore lorsqu'il avait abandonné l'enseignement, quand il gouvernait son Ordre et lorsqu'il se vit élevé au cardinalat » (⁴).

P. André Callebaut, O. F. M.

(¹) *L'agostinismo e l'aristotelismo nella scolastica del secolo XIII. Ulteriori discussioni e materiali,* extrait des *Xenia thomistica,* Roma 1925, 6 [?]. — Nous connûmes trop tard la savante étude du Cardinal jésuite, qui honore la pourpre par l'éclat de son savoir. Si nous sommes heureux de confirmer notre étude historique par un précieux jugement de l'éminent savant, nous regrettons d'autant plus de ne pouvoir nous rallier à l'adhésion que son Eminence donne au jugement du P. Mandonnet sur l'action de Pecham (p. 16).

(²) L. c. 65.   (³) L. c. 68.   (⁴) *Zeitschrift,* VII, 46.

9 782329 175294